我们的国家
历史与文化

樊树志 ◎ 著

www.fudanpress.com.cn

二里头遗址出土三足篦（酒器）

商代妇好墓出土青铜鸮尊

商代妇好墓出土三联铜甗

毛公鼎

毛公鼎铭文

四川三星堆
遗址出土青
铜立人像

1899年发掘自殷墟
的甲骨文残片

唐·阎立本《步辇图》，描绘吐蕃松赞干布使者禄东赞朝见唐太宗

阿弥陀经变局部舞乐图之胡旋舞

敦煌莫高窟112窟唐代乐舞壁画

陕西乾县唐章怀太子墓出土壁画《观鸟捕蝉图》年轻宫女的胡服：圆领袍衫、小口裤、襦裙、披帛、浅履

由唐高宗与武则天亲自主持建造的卢舍那大佛

玄奘负笈图石刻

广东韶关南华寺六祖慧能真身像

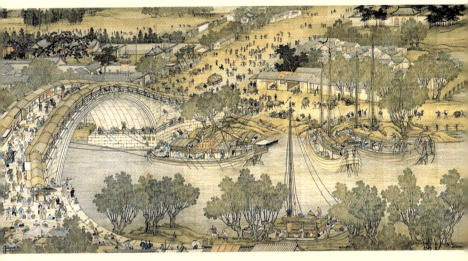

《清明上河图》（局部）——跨越汴河的市桥

《清明上河图》（局部）——街市

清明上河图(局部)——正店

北宋交子拓本

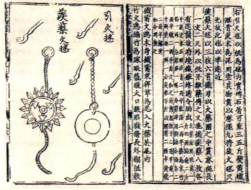

《武经总要》关于中国古代火药配方的记载

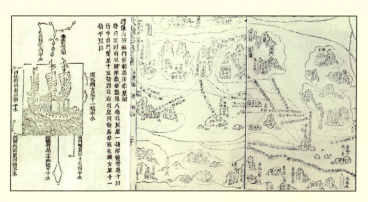

随从郑和下西洋的巩珍所绘《郑和航海图》(局部)

郑和宝船模型

郑和像(明人罗懋登《三宝太监西洋记通俗演义》第二十一回插图)

《坤舆万国全图》

利玛窦与徐光启

《崇祯历书》书影

目录

一、"天下为公"的传说时代 /1

　　远古先民从哪里来? /1
　　迈入生产经济阶段 /3
　　从黄帝到尧舜 /5
　　从"天下为公"到"天下为家" /8

二、青铜时代的文明 /13

　　华夏——中国 /13
　　殷墟的考古发现 /15
　　瑰丽而神奇的青铜器 /17
　　甲骨文——文明的标志 /19

三、"封建"与"礼乐"的和谐 /21

　　"封建"的本意——"封邦建国" /21
　　周公"制礼作乐"与礼乐文明 /24
　　孔子:"郁郁乎文哉,吾从周。" /28

四、秦汉帝国体制 /32

　　始皇帝——中国第一个皇帝 /32
　　郡县制与封建制的折中主义 /34
　　帝国体制的强化 /36

经学走火入魔	/40

五、三国鼎立与魏晋风度 / 43

三国何时鼎立？	/ 43
打着"禅让"幌子的篡立	/ 45
竹林七贤与魏晋风度	/ 48

六、充满活力的世界性帝国 / 54

胡人汉化与汉人胡化	/ 54
"天可汗"的太平盛世	/ 56
充满活力的世界性帝国	/ 61

七、盛唐气象 / 66

"忆昔开元全盛日"	/ 66
对外来文化的宽容	/ 68
南无阿弥陀佛	/ 71
"渔阳鼙鼓动地来，惊破霓裳羽衣曲"	/ 73

八、繁荣和创造的黄金时代 / 76

"杯酒释兵权"与文官体制	/ 76
名副其实的商业革命	/ 78
巅峰状态的科学技术成就	/ 82

九、"直把杭州作汴州" / 85

"元祐党籍碑"的由来	/ 85
从"靖康耻"到"绍兴和议"	/ 88
杭州——世界之冠的大都市	/ 93

十、蒙元帝国的威名 / 97

成吉思汗和他的子孙	/97
忽必烈与大元大蒙古国	/99
黄道婆的革新与乌泥泾的奇迹	/103
关于马可·波罗的争议	/105
"中国的第谷"——郭守敬	/108

十一、儒学熏陶下的义门与家训 / 111

朱熹与儒学复兴	/111
肃穆治家的义门	/113
修身齐家的格言	/117

十二、"以重典驭臣下"的朱明王朝 / 121

朱元璋与皇权的强化	/121
胡惟庸党案与蓝玉党案	/124
李善长的灭门之祸	/127
"诛十族"、"瓜蔓抄"及其他	/129

十三、面向海洋的时代 / 137

郑和下西洋	/137
中国卷入全球化贸易之中	/141
耶稣会士跨海东来	/143

十四、晚明的改革与党争 / 146

"嫌怨有所弗避"的张居正改革	/146
"威权震主，祸萌骖乘"	/149
东林书院与东林党	/152

"阉党"专政	/155

十五、明清鼎革之际的国家与社会 / 159

复社与《留都防乱公揭》	/159
崇祯：攘外与安内的两难选择	/162
并非亡国之君的亡国悲剧	/166
"冲冠一怒为红颜"？	/169
改朝换代与士大夫气节	/173

十六、从康熙到雍正 / 176

政策的转换：由制裁到笼络	/176
康熙的武功与文治	/180
雍正的建树	/184

十七、盛世的面面观 / 188

鼎盛时期的经济	/188
盛世中的衰败迹象	/190
色厉内荏的盛世	/194

十八、封闭的天朝 / 197

海外贸易的由禁到放	/197
闭关——广州一口通商时期	/199
马嘎尔尼与阿美士德出使中国	/201

一、"天下为公"的传说时代

远古先民从哪里来？

人们通常所说的历史，是指人类的历史，而不是自然界的历史。既然是人类的历史，那么开宗明义要说的第一件事——人类自身的起源，当然是题中应有之义。由于时间久远，可以凭借的考古发掘资料极为珍稀，人类起源这个话题，至今依然聚讼纷纭，很多事情我们还不知道。正如西方学者常说的话："我们知道的，就是我们不知道！"（We know that we don't know！）

1939年古人类学家魏敦瑞（Franz Weidenreich）撰写的《东亚发掘的最早现代人类》指出，山顶洞人的三具头骨，代表了三种不同的种族因素——原始的蒙古人种、美拉尼西亚人种及爱斯基摩人种。对此，中国考古学奠基人李济发问：中国本土人种的主干——智人中的蒙古人种又是从何起源的呢?

经过几十年的探索,我们大致可以知道,由猿到人,经历了直立人、早期智人、晚期智人的过程。就中国而言,已知的直立人有元谋人、蓝田人、北京人、和县人等,已知的早期智人有大荔人、金牛山人、丁村人、许家窑人、马坝人等,已知的晚期智人(现代人类)有柳江人、资阳人、山顶洞人等。

对于一个完整的中国古人类进化链,有些学者提出挑战,他们认为,地球上的人类统统起源于非洲,中国也不例外。这样一来,我们原先知道的,又变得不知道了。

近二三十年来,国际学术界有些人使用分子生物学方法,提出一种假设:现代人类起源于非洲。随着时间的推移,这种假设愈来愈言之凿凿:目前地球上的各个人种,都是二十万年前某一个非洲女性的后代,他们离开非洲,扩散到欧洲、亚洲等地,取代了当地原有的早期智人,成为现代人类的祖先。八九年前,中国的分子生物学家也发表论文,宣称在东亚人身上发现了七万九千年前非洲人特有的遗传标记,并且推论:东亚人的祖先大约是在六万年前从非洲到达东南亚,然后来到中国。这些学者认为,从北京人到山顶洞人,早已灭绝,他们并非中国现代人类的祖先。

于是,中国人起源于非洲就成了一个引人注目的话题。

这种"单一起源论"虽然甚嚣尘上,却遭到了"多区起源论"者的质疑。"多区起源论"认为,人类的起源是多元的,地球上各地区的现代人类是从各地区的早期智人进化而来的。中国的古人类学家指出:在中国大地上,已经出土的直立人、早期智人、晚期智人(即现代人类)的化石表明,其间存在明显的连续进化,东亚的蒙古人种并非来自非洲;与这些古人类相当的旧石器时代文化遗存,前后连续,并没有出现过由于人类灭绝而导致的文化中断,因此非洲人取代中国大地上的早期智人,成为中国人的祖先的推论是不能成立的。更何况,根据化石年代测定,华南的柳江人生活在距今七万年至十三万年之间,说东亚人的祖先是在六万年前从非洲迁移而来的,岂不成了无稽之谈!一位古人类学家说得好:用基因研究结果推测人类进化过程,无论如何是间接的,而来自化石的证据是直接的。

目前看来,试图推翻中国人的主体是东亚大陆的土著居民这一结论,倡言中国人起源于非洲,似乎仍嫌证据不足。

迈入生产经济阶段

距今一万年左右,远古先民进入新石器时代。它与旧石器时代的最大区别在于,磨制石器取代打击石器,随之而来的,农耕、畜牧和陶器相继出现。这些现今看来极其普通的事物,在当时却是了不起的发明。在此以前,远古先民以采集、狩猎来维持生活;在此以后,人们不再是食物的采集者,而是食物的生产者。把野生植物驯化为人工栽培作物,把野生动物驯化为人工饲养的家禽家畜,为人类提供了可持续的食物来源。这是意义深远的变革,有的学者把它称为农业革命,是毫不为过的。它所带来的直接影响是,人类的生活方式开始变化,由逐水草而居进入到定居的状态,半穴居式房屋的构建,陶器的烧制满足了生活的需要,野生蚕驯化为家蚕,引来了原始的丝织业。在这种经济基础上,草创的社会制度得以形成,人类离开文明的门槛愈来愈近了。

根据西方学者的研究,大约在距今一万年到一万二千年,农业出现在近东的两河流域。他们推论,中国的某些农作物是由两河流域传入的。真的如此吗?

1960年代末,美国芝加哥大学的华裔学者何炳棣,在他的著作《黄土与中国农业的起源》中,以大量无可辩驳的事实证明,中国农业的起源,具有自己的区域性和独立性,并不是从两河流域传入的。这一结论,一再被考古发现及新的研究成果所证实。

河北省徐水县的南庄头遗址,出土了谷物加工的工具——石磨盘、石磨棒,据测定,它的年代大约距今一万年左右,表明当地在此之前已经栽种粮食作物了。河南新郑县裴李岗遗址表明,距今七八千年前,中原地区已经有了比较稳定的农业定居生活,有房基、灰坑、陶窑,还有农具——石斧、石铲、石镰,粮食加工工具——石磨盘、石磨棒。

南方的稻作农业的历史也很悠久。1992年,中国和美国科学家联合研究江西的稻作起源。他们的研究报告证实,长江中游是世界稻作农业的发源地。江西万年县仙人洞遗址的先民,在距今一万六千年前已经采集野生稻为主要食物,至晚在距今九千年前,人工栽培的稻作农业已经出现。

湖南省道县玉蟾岩遗址出土了一万二千年前的五粒炭化稻

谷,被誉为世界上目前发现的最早的稻谷。浙江省余姚县河姆渡遗址发现的稻作遗存,令人震惊。它是一个稻谷、稻秆、稻叶、谷壳的堆积,一般厚度20~30厘米,最厚处超过100厘米。出土时稻谷色泽金黄,谷芒挺直,隆脉清晰可辨。经鉴定,它们是七千年前人工栽培的晚稻。

2000年出版的《稻作、陶器和都市的起源》(严文明、安田喜宪主编)一书指出:新石器时代早期,先民对稻谷种子反复选择,改变了野生稻的生存条件和遗传习性,初步驯化成功,基本形成原始栽培稻。中国是亚洲栽培稻起源地之一,它与另一个亚洲栽培稻起源地——以印度为中心的南亚,是两个各自独立起源和演化的系统。

从黄帝到尧舜

中国远古时代,有三皇五帝的传说。三皇有六种说法,其中之一是:伏羲(太昊)、女娲、神农(炎帝)。五帝有三种说法,其中之一是:黄帝、颛顼、帝喾、唐尧、虞舜。所谓"皇"和"帝",其实是后人对他们的尊称,当时不过是部落或部落联盟的首领而已。

神农氏就是炎帝,他所领导的部落发明了农耕、医药、陶器。中国古代典籍《易经》和《白虎通》说,神农氏用树木制造耕具——耒耜,教导民众农耕。《史记》和《淮南子》说,神农尝百草,用草药治病救人。《太平御览》引用《周书》说,神农在发明农耕的同时，发明了陶器。

《易经》说："神农氏没，黄帝、尧舜氏作。"可见黄帝稍晚于炎帝。黄帝从北方到达黄河流域时，已经是拥有六个部落的巨大部落联盟了。黄帝领导的部落的发明，涉及衣食住行各个方面。后人的传说是这样的：

——冶炼铜矿石，铸造铜鼎、铜钟。十二个铜编钟，和以五音，可以演奏音乐；

——四处观察天象，编制历法，确定春夏秋冬四季，按照季节变化播种百谷草木；

——利用树木，制造车船，便于交通运输；

——栽桑养蚕，用蚕丝编织衣料，制作衣裳。衣裳不仅有御寒的功用，而且带有社会政治意义，这就是文献所说的"垂衣裳而天下治"、"以衣裳别尊卑"。

黄帝领导的部落联盟有姬、酉、祁、己、滕、蔚、任、荀、僖等十二姓。祁姓有传说中的陶唐氏，就是唐尧所属的部落；黄帝的后裔夏后氏，是夏朝建立者；姬姓是黄帝的嫡系，是周朝的建立者。人们把黄帝尊奉为华夏民族的始祖，是名副其实的。

从黄帝到尧、舜、禹，持续了几百年，他们以黄河流域为中心，吸收周边的夷人和羌人部落，结成新的部落联盟。这种部落联盟已经超越了血缘关系，成为地缘关系的共同体。在这个共同体中，地域、财产和权力都是公有的，并非某一个领袖私有的，这就是所谓"天下为公"，或者叫做"大同之世"。

共同体内部，由各部落首领组成议事会，协商重大事务，推举联盟的领袖。尧、舜、禹就是由联盟议事会民主推举，而成为

1. 汉画像石中的神农氏形象
2. 黄帝战蚩尤图

领袖的,由于他们出于公心,治理有方,被后世赞誉为圣贤。

根据《史记·五帝本纪》的描述,尧是一位圣明领袖,他发现舜精通农耕,善于制作陶器,有领导才能,确认舜可以托付重任,便培养他参与摄政。尧年老时,在联盟议事会上提出继承人选问题,让各部落首领讨论,大家一致推举舜。尧便把权力移交给舜,而没有传给自己的儿子。这就是所谓"传贤不传子"。舜觉得自己德才大大逊色于尧,谦辞不就,避居别地。由于各个部落首领一致拥戴,舜才返回,担任共同体的领袖。舜继位后,征得联盟议事会的同意,任命八元管土地,八恺管教化,契管人民,伯益管山林川泽,伯夷管祭祀,皋陶管刑法。舜到了晚年,鉴于禹治理洪水有功,联盟议事会一致推举禹继任领袖。禹也谦辞不就,避居别地,在各部落首领一致拥戴下,才继承了舜的权位。

这就是古人津津乐道的"禅让"。关于"禅让"的传说,至迟在春秋时代已经见诸记载,不独儒家,墨家、道家、法家都有涉及,可见它绝非某一学派的伪托。用历史的眼光来看,远古时代权力的移交,是"禅让"而不是世袭,是有历史依据的事实,并不是虚构的。

从"天下为公"到"天下为家"

这种"选贤举能"的"禅让"时代,孔子把它称为"天下为公"的"大同之世"。至于他推崇备至的"大同之世",是个什么

1. 尧（清人绘）
2. 舜（清人绘）
3. 东汉武梁祠画像石大禹像

样子,没有明言。依据《春秋公羊传何氏解诂》等古籍的描述,大概是一个共同生产、共同消费的社会,在一个叫做"里"的基层社会,有八十户人家,选举年高德劭的人担任"父老",能说会道、身体强健的人担任"里正"。春夏秋三季,百姓外出耕种,"父老"和"里正"负责监督,出去晚了,或者收工回来没有随手带点薪柴,都要受到批评。到了冬天,父老在"校室"里,教育儿童;里正则催促妇女从事纺织。日常生活中,长期保持"出入相友,守望相助,疾病相扶助"的友好互助风尚。《韩诗外传》说:一个里巷的八家不分彼此,八家互相保护,出入轮流看守,疾病相互照顾,患难相互救助,青黄不接可以互通有无,宴会相互招呼,婚姻大事共同商量,捕获的猎物共同享受,大家都受到仁爱和恩惠,因此,民众之间和睦、亲爱、友好。

在儒家典籍中,把夏朝建立之前称为"大同之世",是一个"天下为公"的时代。《礼记·礼运》引用孔子的话,这样描述"大同":

> 孔子曰:"大道之行也,天下为公,选贤举能,讲信修睦。故人不独亲其亲,不独子其子,使老有所终,壮有所用,幼有所长,鳏、寡、孤、独、废疾者皆有所养。男有分,女有归。货恶其弃于地也,不必藏于己;力恶其不出于身也,不必为己。是故,谋闭而不兴,盗窃乱贼而不作,故外户而不闭。是谓大同。"

意思是说,从前大道盛行的时候,天下是公共的,选举贤能的人来掌权,讲信用,修和睦。所以,人们不仅仅亲爱自己的亲人,不仅仅把自己的子女当作子女,使老人得以善终,壮年人发挥作用,幼年人得以成长,鳏寡孤独和残疾人都得到抚养。男人各有职责,女人适时婚嫁。反对糟蹋财物,也不必据为己有;厌恶不尽力而为,也不必把能力作为谋取私利的手段。因此,不会有阴谋,不会有盗贼,大门可以不关。这就是大同。

禹年老时,在联盟议事会上讨论继承人选,众人推举皋陶、伯益。禹却想把权力传给自己的儿子启,暗中培植启的势力。禹死后,启杀死伯益,继承父亲的权位,于是出现了"家天下"的夏王朝,开启了以后历代王朝由一家一姓世袭统治的先例。孔子把它称为"天下为家"的"小康之世",他这样说:

> 今大道既隐,天下为家,各亲其亲,各子其子,货力为己。大人世及以为礼,城郭沟池以为固,礼义以为纪。以正君臣,以笃父子,以睦兄弟,以和夫妇,以设制度,以立田里,以贤勇知,以功为己。故谋用是作,而兵由此起。禹、汤、文、武、成王、周公,由此其选也。此六君子者,未有不谨于礼者也。以著其义,以考其信,著有过,刑仁讲让,示民有常。如有不由此者,在执者去,众以为殃。是为小康。

意思是说,如今大道已经消失,天下被一家一姓据为己有,人们只亲爱自己的亲人,只把自己的子女当作子女,财产权力为自己所用。统治者世袭已成为常规,用城墙沟池巩固统治,把礼义作为纲纪,端正君臣关系、父子关系、使兄弟和睦、夫妇和谐。在此基础上,设立制度,划分田里,表扬勇知,功劳归于自己。阴谋大行其道,战争开始发端。夏禹、成汤、文王、武王、成王、周公因此成为统治者。这六位君子,都谨慎恪守礼义,表彰道义,考察信用,彰显过失,倡导仁爱与谦让,使人民视为常规。如果不照此执行,那么统治不稳,民众遭殃。这就是小康。

春秋战国的诸子百家,在追忆远古时反映出来的历史观,似乎是一代不如一代的悲观主义。他们所处的春秋战国时代,最为糟糕,被称为"乱世"。稍往前推移的夏商周,则是"小康之世",虽不甚理想,但比"乱世"要好多了,所以是"小康"。"小康"之前是一个理想社会,被称为"大同"。历史学家吕思勉说得好:"在大同之世,物质上的享受,或者远不如后来,然而人类最亲切的苦乐,其实不在于物质,而在于人与人之间的关系,所以大同时代的境界,永存于人类记忆之中。不但孔子,即先秦诸子,亦无不如此。"

无怪乎,康有为要写《大同书》,孙中山要把"天下为公"、"大同"作为毕生追求的理想。

二、青铜时代的文明

华夏——中国

传说中,黄帝的后裔夏后氏,是夏部落联盟的创始者。夏部落联盟发展为夏王朝,大约在公元前21世纪(约公元前2070年)。由于当时没有文字,后世文献追忆记录下来的,大抵是"太康失国"、"少康中兴"之类的传说。

所谓夏王朝,是无法和秦以后的王朝等量齐观的,它是以夏后氏为盟主的邦国联盟。《吕氏春秋》说:"当禹之时,天下万国。"《左传》说:"禹合诸侯于涂山,执玉帛者万国。"这里所谓"万国"并非实数,形容其多而已,它反映了夏朝不过是一个松散的邦国联合体。以后的商朝、周朝大体也是如此。

夏商周三代,既是三个互相衔接的朝代,又是三个同时并存的集团。传说中,夏的始祖禹,出于黄帝子孙颛顼这一支;而商的始祖契,出于黄帝子孙帝喾这一支。按照《史记》的记载,夏商周三代的祖先禹、契、后稷,都曾经在尧舜的政权机构中服务。由此看来,夏商周是平行存在的三个集团,分布在黄河流域,自称"华夏"或"华"、"夏"。

"华夏"的事实早已出现,但见诸文献记载,却比较晚。《左传》襄公二十六年(公元前547年)有这样一条记载:"楚失华夏。"说的是,楚国由于失误,失去了中原的华夏大地。可见人们关于华夏的记忆由来已久。唐朝经学家孔颖达注疏《左传》,对"华夏"作这样的解释:"华夏为中国也。"看来,在古人心目中,"华夏"是"中国"的同义词。不过,此"中国"非彼"中国",它和现在"中国"的含义不一样,是中央之国的意思。居住在黄河流域的古代先民,自称"华夏",而把周边人民称为"蛮"、"夷"、"戎"、"狄","华夏"位居中央,称为"中国"。

最近几十年来的考古发掘,使得夏文化几近明朗,它的主体大体相当于二里头文化,也涵盖到龙山文化后期。河南偃师二里头发掘出一座宫殿遗址,面积约一万平方米,有厚约1~2米的夯土台基,高出地面约80厘米,上面是排列有序的柱子洞和完整的墙基。台基中部有一座八开间门面、进深三间的殿堂,堂前是平坦的庭院,四周有彼此相连的廊庑。如果复原的话,一座规模宏大、气势庄严的宫殿建筑巍然屹立,夏王朝的威仪便跃然而出了。

夏人在不断积累农业生产经验的同时,天文历法知识逐渐丰富。当时已有日、月、年的概念,把一年分为十二个月,以冬至后两个月的孟春之日作为一年的开始。《左传》引用《夏书》

记录了发生在"房宿"位置的一次日食,民众击鼓奔走的情景,是世界上目前已知最早的日食记录。《竹书纪年》中,有夏人观测到流星雨的最早记录。

孔子、孟子认为,夏商周三代,制度有所损益,也有所继承。夏文明为商文明奠定了基础。

殷墟的考古发现

商在灭夏之前,即所谓先公先王时代,已经有过一段辉煌的历史。不过,一直臣服于夏。传说中,商的始祖契,曾经追随禹治理洪水;契的后人冥,还做过夏的水官。

早商时代的先王,从契到汤,传了十四世,与夏朝存在的时间大体相当。汤率领部众推翻夏朝,建立商朝,一共传了十七世、三十一王,将近六百年。

早商时代的农业生产,保持着到处流动的习俗,从契到汤,集体大规模迁移了八次。商朝建立后,延续了这种习俗,多次搬迁都城。直到第十九代商王盘庚,在公元前1300年,把都城迁到殷(今河南安阳),推行改革,"行汤之政"——实行商朝建立者汤制定的政策,走上中兴之路。第二十二代王武丁即位后,商朝达到了最为鼎盛的时期。这个转折点,就是历史上著名的"盘庚迁殷"。《竹书纪年》说,从盘庚迁殷,到纣王灭亡,二百七十三年,再也没有迁都。

在殷这个地方构建的商朝都城,依傍洹水,便于水利和防卫。紧靠洹水南面是宫殿、宗庙区，它的东面、北面毗邻洹水，地势较高，占据水源有利地位，且无泛滥之虞。

时隔三千多年，深埋于地下的商朝古都——殷，被发掘出来，人们把它叫做"殷墟"——殷的废墟。

1928年至1937年，在李济、董作宾、梁思永、郭宝钧、石璋如等学者主持下，对殷墟进行了十五次考古发掘。陆续发现大批青铜器、甲骨，以及宫殿、陵墓、宗庙遗址。这个位于洹水南岸安阳小屯村的殷墟，再现了商朝古都的昔日辉煌。

参加殷墟发掘的李济，1960年用英文撰写《古代中国文明》，指出：殷墟让人们看到，早在公元前第二千纪，商朝不仅完成了华北的统一，而且还有能力吸收来源于南方的许多重要种族成分。种植稻米，发展丝织，进口锡锭、贝壳和龟壳，在王家苑林中豢养象、孔雀、犀牛。楚国的祖先曾与这个王朝的宫廷有接触。四川和南方另一些地区的乐师可能在商朝宫廷乐队参加演奏。以上种种，再加上明显的西伯利亚和蒙古来的北方成分，以及更远地区的西方成分的存在，"使安阳成了一个国际性的文化中心，成了青铜时代中期东方一个极其独特的世界性城市"。殷墟考古发现的价值是无与伦比的。

1999年，中国社会科学院安阳考古队向新闻界披露，盘庚迁殷之"殷"有了新发现。他们在洹水北岸花园庄，发现了另一个商朝都城遗址，堪称第二个殷墟。这个遗址的时代，晚于商朝早期的二里冈商城，早于商朝后期的小屯殷墟。从夯土建筑基址、王室青铜礼器等方面推断，花园庄遗址有可能是盘庚迁殷之"殷"，至于小屯殷墟遗址，应当是商朝后期的都城。有鉴于此,"殷墟"的概念,应该有所扩大,除了原先知道的洹水南岸的安阳小屯村,还有洹水北岸的安阳花园庄。

瑰丽而神奇的青铜器

中国的青铜时代始于何时?这还真是一个不太好回答的问题。在黄帝时代,已经有铸造铜鼎、铜编钟的传说;夏禹时代,又有"以铜为兵"(用铜制造兵器)、"禹铸九鼎"的传说。然而,人们并没有发现那个时代青铜器的实物。迄今为止,考古发现最早的青铜器出土于河南西部的二里头遗址,它们是爵(酒器)、戈(兵器)。二里头文化相当于夏朝中晚期,如果说这个时期进入了青铜时代,是有事实根据的。

青铜文明的鼎盛时期是商朝。商朝第二十二代王武丁时代,最为强盛富庶。武丁的妃子妇好的墓葬中,有200多件青铜礼器、130多件青铜兵器、5件大青铜铎、16件小青铜铃、44件青铜器具(包括27件青铜刀)、4件青铜镜、4件青铜虎、1件青铜勺、20多件其他青铜器。品种之丰富、数量之众多、质地之精美,令人叹为观止。其中一件青铜鸮尊,外形犹如双足蹲地的猫头鹰,被中国历史博物馆誉为青铜器中的精品。另一件三联铜甗,在一个铜制的长凳上并排放着三个蒸煮食物的炊具,散发着浓郁的生活气息,截然不同于威严而缺乏人情味的礼器、兵器。

安阳武官村出土的司母戊鼎,是商朝后期的器物,形制粗壮结实、方正严谨，象征无可争议的权力。这是目前已发现的分量最重的青铜器。与它相映成趣的是西周晚期的青铜器——毛公鼎，有497个铭文，记录周宣王告诫和褒奖臣下毛公的原话。这是目前已发现的铭文最多的青铜器。

青铜器的种类很多，主体是礼器和兵器，由此折射出，它的政治意义大于经济意义。青铜器的铭文，表明器主的族氏和祭祀对象，记载统治者对器主的恩赐，它明显扮演政治权力的角色，强化国家政权的机能。

青铜礼器是王室与贵族权力的体现，因而制作讲究，上面有精美的浮雕纹饰。这种纹饰，大多是动物图案，少数是自然界存在的动物，大多数是神话中的动物，例如：饕餮——有头无身、食人未咽的怪兽；肥遗——一个头两个身体的蛇；夔——头尾横列中有一足的龙形兽；虬——有角龙；此外还有龙这种古人最崇拜的神话动物。不过青铜器上的饕餮纹、肥遗纹、夔纹、虬纹、龙纹只是一种约定俗成的指称或描述。

对于动物图案的意义，考古学家张光直在《中国青铜时代》中有这样的分析：神话中的动物功能，是把人的世界与祖先、神灵的世界相互沟通。青铜礼器是用来崇拜和祭祀祖先和神灵的，在这种神圣仪式上，人们试图通过这些动物来沟通祖先、神灵，庇佑他们在人世间的权力与财产。

1980年代末，四川三星堆青铜器的出土，是考古界的重大发现。三星堆是商朝时期蜀国的都城遗址，大量精美绝伦而又怪异的青铜器，透露出神秘的色彩，令人惊诧莫名。其中一件青铜人像，有真人大小，面部造型逼真，浓眉阔目，高鼻大耳，头冠上有羽毛状饰物,身穿三层华衣,上面有巨龙纹、拳爪纹、人面纹以及云雷纹图案。如何解读,至今依然众说纷纭。

甲骨文——文明的标志

美国民族学家摩尔根(Lewis Henry Morgan)在《古代社会》中说:"文字的使用是文明伊始的一个最准确的标志","没有文字记载,就没有历史也没有文明"。古代埃及的象形文字从公元前3500年形成,一直使用到公元前2世纪。两河流域的苏美尔人在公元前3500年到公元前2600年之间发明、使用象形文字。中国有文字可考的历史开始于公元前16世纪,当时有了成熟的足够数量的文字——甲骨文,它的意义是不言而喻的。

光绪二十五年(1899年),在河南安阳小屯村(殷墟)发现了刻有文字的龟甲兽骨,人们见识了中国最古老的文字——甲骨文。1904年,经学家孙诒让开始对它进行考释,撰写了《契文举例》。1928年以后,随着殷墟考古的展开,先后出土甲骨10万多件,上面共有4 500字,记载了从盘庚迁殷到商朝灭亡273年间的历史。

这一发现的意义是无可估量的。它标志着,汉字在商朝后期已经成熟,而且数以千计,人们终于摆脱了没有文字的史前时代,进入了有文字可考的文明时期。甲骨文是我们祖先的天才发明,具有不朽的品质和价值,至今仍是汉字文化圈的共同财富。

在甲骨学史上,有四位有重大贡献的前辈学者,被语言文字学家钱玄同推崇为"甲骨四堂":罗振玉(号雪堂)、王国维(号观堂)、董作宾(号彦堂)、郭沫若(号鼎堂)。

甲骨文的结构,已经具备了汉字的六书规律,即象形、指事、假借、形声、会意、转注。

象形:☉(日)、☽(月)、△(土)、⊞(田)、✲(木)、✲(禾)、ヿ(人)、ጊ(虫)、ᎩᏊ(羊)等。象形字是人类发明文字的最初阶段,日、月取天象,土、田取地理,木、禾象征植物枝干,人象征人体,虫象征其博首宛身,羊象征其角曲。所以许慎《说文解字》说:"象形者,画成其物,随体诘诎,日、月是也。"

指事:文字不单表实,而且表意。《说文解字》说:"指事者,视而可识,察而可见,上、下是也。"甲骨文的"上",写作二、✓,"下"写作二、⌒,指示一短划的位置以表示方位。"末"写作木,指明树梢在哪里;"本"写作木,指明树根在哪里。

假借:象形、指事的文字不够用时,便"依声托事",即假借象形字之声,来表示同音的其他事物或动作的符号。如甲骨文之"来"(来),初为小麦名,后假借为往来之来。

形声:假借一多,同音字易混淆,于是添加偏旁,一半形符(意符)一半声符。如"盂"字写作盂,下为形,上为声;"祀"写作祀,左为意,右为声。

会意:二字意会,合成一字。如"明"写作明,意为日月相照;也写作明,意为月光照在窗上。

把上述方法扩大,或部分采用,近似变形,造就了后世两万个汉字,成为世界上使用人口最多的文字。

三、"封建"与"礼乐"的和谐

"封建"的本意——"封邦建国"

传说中,周是一个姬姓部落,它的始祖,名叫弃,担任过夏朝的农官,精通农业,后来被尊奉为农神后稷。后稷二字,赋有特别含义,"后"有君王之意,"稷"代表农作物,合在一起,便是农业神祇。

关中西部岐山南面的周原,土地肥沃,适宜农耕,古公亶父率领部族,从豳迁居周原,在此定居,自称为周人。古公亶父在周原建都设官,后来的周人尊称他为"太王",把他看作周朝的奠基人。他的幼子季历即位时,周的国力日渐强大。商王杀死季历,遏制周的势力。季历之子昌(即后来的周文王)表面上继续臣服于商,暗地里扩充实力,准备取而代之。这个计划由他的儿子发(即后来的周武王)实现了。公元前1046年,周武王乘胜占领朝歌,标志着商朝灭亡,周朝建立。

武王克商后身患重病,逝世前留下遗嘱,由弟弟周公继位。周公向天祷告,请求代替武王死。武王死后,各地纷纷叛乱。周公为了扭转危局,拥立武王幼子继承王位(即周成王),自己摄政辅佐;并且调动军队东征,平定武庚、管叔、蔡叔的叛乱。此后,周公在分治殷民的同时,分封诸侯,大抵姬姓、姜姓占据膏腴冲要之地。

这就是所谓"封建",当时也叫做"封邦建国"。一共分封了七十一国,其中五十三国是同姓诸侯,目的是"封建亲戚,以藩屏周",也就是说,用同姓诸侯构筑一道屏障,捍卫周王的中央权威。"封邦建国"显然是以姬姓贵族为主的,为了稳定大局,也封建一些异姓贵族,不过对他们有所控制。例如周公把商朝的早期国都商丘及周围地区分封给商朝贵族微子启,称为宋国。同时分封了许多诸侯对宋国形成内外两个包围圈,内层主要是异性诸侯:姒姓的杞国、嬴姓的葛国、姜姓的许国、妫姓的陈国等;外层主要是姬姓诸侯:曹国、郜国、茅国、蔡国等。值得注意的是,姬姓诸侯的封国沿着殷周交通线分布,大体与黄河流域主要农产区相吻合,带有明显的战略意义。

周公鉴于武庚和管蔡的叛乱,敏锐地感到,听任殷商遗民留在原地是危险的,于是决定营建成周(洛邑),把"殷顽民"迁到那里,派军队镇守威慑。从此,周朝有了两个都城:西部的镐京称为宗周,东部的洛邑称为成周。如果说,周公营建成周,是为了控制东方,对宗周(镐京)起到拱卫作用;那么,"封邦建国"就是把这种拱卫作用向外延伸,筑城扼守,彼此呼应。

"封建"既是巩固和扩大周朝统治的手段,也是贵族内部权力和财产再分配的方式。它的实质是分土分民,周王把土地和人民分给诸侯,叫做"建国";诸侯把土地和人民分给卿、大夫,叫做"立家"。这样就形成了金字塔形的封建体制:塔尖是周天子(周王),第二层是诸侯,第三层是卿、大夫,第四层是士(底层贵族),第五层是庶民(百姓)。

　　这种等级森严的封建体制,与宗法密切相关。宗法是从氏族组织蜕变而来的血缘宗族关系,把姬姓贵族区分为"大宗"、"小宗"。周王自称"天子",既是政治上的共主(王),又是天下同姓的"大宗"。王位由嫡长子继承,世代保持"大宗"的地位。嫡长子的兄弟们受封为诸侯,相对于周王而言,处于小宗地位。但是,诸侯在自己的封国内,又是大宗。它的封君地位也由嫡长子继承,嫡长子的兄弟们分封为卿、大夫,都是小宗。而卿大夫在本宗的各个分支中,又处于大宗的地位。

　　政治上的共主,与血缘上的大宗紧密结合,是封建体制的特色。说得通俗一点,周天子(周王)把封建制度与宗族关系结合起来,一身而二任。

　　西方学者认为,周朝建立以后的四五个世纪,与欧洲中世纪的feudalism时代十分相似。近代日本学者在翻译feudalism时,借用周朝的"封建"一词,译为"封建主义"。长期以来,"封建"一词已被用滥,演化为落后的代名词,例如"你这个人太封建"、"封建迷信"之类,确实有必要重新解读它的本意。

　　学者黄仁宇在《放宽历史的视界》中指出:"很多现代中国的作者,称之为'封建社会',并且以此将它与欧洲的feudal

system相比拟,其结果总是尴尬。征之中国传统文献,'封建'也与'郡县'相对,所以将汉唐宋明清的大帝国、中央集权、文人执政、土地可以买卖、社会流动性大的郡县制度称为封建,更比拟为欧洲的feudal system,就是把这些历史的大前提弄错了。"

其实,这并非黄仁宇的创见,八十多年前,顾颉刚、傅斯年就有过讨论。顾氏向傅氏询问:"用唯物史观来看孔子的学说,他的思想乃是封建社会的产物。秦汉以下不是封建社会了,何以他的学说竟会支配得这样长久?"傅氏同意顾氏的意见,说:"封建一个名词之下,有甚多不同的含义。西周的封建,是开国殖民,所以封建是一种特殊的社会组织。西汉的封建是割裂郡县,所以这时所谓封建但是一个地理上之名词而已。"

因此,近年来关于"封建"的争议,也就不足为奇了。

周公"制礼作乐"与礼乐文明

武王是周朝的缔造者,可惜英年早逝,周公摄政,辅佐成王,制定了一系列典章制度,在历史上留下深远影响的,莫过于"封邦建国"与"制礼作乐"。上面讲了"封邦建国",下面再讲"制礼作乐"。

周公,周文王之子,周武王之弟,名旦,因为采邑在周,被称为周公。他并不是迷恋于权位的人,武王逝世前遗命,由周公继位,周公顾全大局,拥立武王幼子诵为成王,自己屈居辅佐摄政的地位。在制度建设大体就绪,东都洛邑营建完成之后,他

1. 周文王（明人绘）
2. 周公像
3. 周康王时的祭器宜侯夨簋，铭文记载了封邦建国之事，是研究西周分封制度的重要史料

请成王到洛邑主持首次祭祀典礼,开始亲政。此后,周公把政权还给成王,自己留守宗周。

然而,周公的结局是悲凉的。周成王十一年(前1032年),周公在失意中病逝。病危之际,他请求葬于周地,以表示对周的忠诚。成王却把他葬到周以外的地方,冠冕堂皇的理由是,不敢把周公视作臣子,实际是不承认周公是忠臣。悲剧的根源在于,他是辅佐成王的摄政者,在成王眼里,功高盖主,威权震主。

确实,周公摄政的七年,成绩斐然,而他本人又高风亮节,被后世政治家引为治国的楷模。关于他的政绩,汉朝学者伏胜的《尚书大传》有最为简洁的概括:"周公摄政,一年救乱,二年克殷,三年践奄,四年建侯卫,五年营成周,六年制礼作乐,七年致政成王。"

所谓"制礼作乐",就是制定礼乐制度,构建礼乐文明。

"礼"的本质或确切含义是异,用来区分社会各等级的身份差异,贵与贱、尊与卑、长与幼、亲与疏之间,各有各的行为规范。也就是说,贵者有贵者之礼,贱者有贱者之礼;尊者有尊者之礼,卑者有卑者之礼;长者有长者之礼,幼者有幼者之礼;亲者有亲者之礼,疏者有疏者之礼。这种礼,规定了君臣、父子、兄弟、夫妇之间上下尊卑的关系,不得有所逾越。

《礼记》记载,周礼有五类:关于祭祀的是"吉礼",关于丧葬的是"凶礼",关于交际的是"宾礼",关于征战的是"军礼",关于吉庆的是"嘉礼"。每一个贵族从出生到死亡,从人事到祭祀,从日常生活到政治活动,都必须遵守与其身份相符的

"礼"。即便是关于丧葬的凶礼,也是极为复杂的,参加丧礼的人,由于身份等级不同,以及与死者关系的亲疏远近,而有严格的区别。因此,丧礼往往是确认社会关系最为敏感的场合,凶礼所反映的社会关系意义,远远大于个人情感意义,它一方面表现纵向的社会等级,另一方面表现横向的宗族联系。

一个社会只讲差异,不讲和同,就无法和谐。周公的高明就在于,在"制礼"的同时,又"作乐",使"礼"与"乐"相辅相成或相反相成。

"礼"强调差异,"乐"则强调和同。《礼记·乐记》说:"乐者,天地之和也;礼者,天地之序也。和,故百物皆化;序,故群物皆别。"意思是说,乐是天地的和谐,礼是天地的秩序,因为和谐,万物可以共处;因为秩序,万物都有区别。

所谓乐,当然是指音乐,不过是带有浓厚政治社会色彩的音乐。它的功能,按照古人的说法,可以概括为十五个字:通伦理,和天地,养万物,化异同,成天下。说得通俗一点,就是以音乐激起人们相同的共鸣情绪,人无分尊卑贵贱,产生同类感,仿佛四海之内皆兄弟。《礼记·乐记》谈到音乐演奏在不同场合的功能,这样说:

——"乐在宗庙之中,君臣上下同听之,则莫不和敬";
——"在族长乡里之中,长幼同听之,则莫不和顺";
——"在闺门之内,父子兄弟同听之,则莫不和亲"。

显然,乐的功能是维系社会的团结,求得人际关系的和谐。由此看来,礼和乐两者缺一不可,否则社会就会失衡。《礼记·乐记》对此的议论是最为精到的:

——"乐者为同,礼者为异。同则相亲,异则相敬。"(乐强调和同,礼强调差异。强调和同,人们就互相亲爱;强调差异,人们就互相尊敬)

——"礼义立则贵贱等矣,乐文同则上下和矣。"(有了礼,贵贱的等级差别就显示出来了;有了乐,各色人等上下之间就和谐了)

——"乐至则无怨,礼至则不争。"(有了乐,人们就不会埋怨;有了礼,人们就不会相争)

周公的治国之道,是在强调等级差异的同时,也强调人与人的和同,在有差别的社会中,尽力营造无差别境界。这是孔子和儒家最为津津乐道的。

孔子:"郁郁乎文哉,吾从周。"

学者杨向奎《宗周社会与礼乐文明》一书中意味深长地说:没有周公就不会有武王灭殷后的一统天下,没有周公就不会有传世的礼乐文明,没有周公就没有儒家的历史渊源,没有儒家,中国传统的文明可能是另一种精神状态。此所以孔子要梦见周公,称赞说:"郁郁乎文哉,吾从周。"

孔子对周公的"制礼作乐"崇拜得五体投地,对春秋时代的"礼崩乐坏"极为不满,他的名言"是可忍也,孰不可忍也",就是对"礼崩乐坏"的怒吼。

周公的长子伯禽分封于奄(今山东曲阜),国号鲁。因此,

1. 孔子燕居像(明人绘)
2. 唐吴道子所作孔子行教像
3. 元代马远所作孔子像
4. 山东曲阜孔庙大成殿中头戴十二旒之冕、身穿十二章之服、手执镇圭的孔子塑像

周公制定的礼乐制度，在鲁国有着深厚的土壤。孔子沉醉于礼乐文明之中，十分不满当时的"礼崩乐坏"，对违反周礼的言行多持反对态度，提倡"非礼勿视，非礼勿听，非礼勿言，非礼勿动"，即不符合礼的行为不要看，不符合礼的言论不要听，不符合礼的话语不要讲，不符合礼的事情不要做。齐晋公向他请教为政之道，他说得很干脆："君君，臣臣，父父，子子。"就是要遵循周礼，区分上下尊卑，君要像君，臣要像臣，父要像父，子要像子。晋国铸刑鼎，把法律条文镌刻在鼎上，试图依法治国。他反对说："晋其亡乎！失其度矣。"这个"度"，就是周礼的贵贱有序，推行法治，势必导致"贵贱无序"。

最令孔子不满的是，诸侯僭用天子之礼，卿大夫僭用诸侯之礼、天子之礼。以祭祀为例，按照周礼，只有天子可以举行郊祭（祭天），诸侯只能祭祀封国境内的名山大川。然而，鲁国从僖公开始，也举行郊祭，季氏则举行旅祭（祭泰山）。祭祀用的乐舞，即所谓雅乐，有严格的等级差别。天子的祭祀乐舞，悬挂的乐器四面排列，舞者八佾（八个行列），六十四人；诸侯的祭祀乐舞，悬挂的乐器三面排列，舞者六佾（六个行列），四十八人；卿大夫的祭祀乐舞，悬挂的乐器两面排列，舞者四佾（四个行列），三十二人；士的祭祀乐舞，悬挂的乐器一面排列，舞者二佾（两个行列），十六人。春秋时期的鲁国，不仅鲁公"八佾以舞大武"，连季氏也"八佾舞于庭"了。诸侯和卿大夫居然恬不知耻地僭用天子之礼，无怪乎孔子要高呼："是可忍也，孰不可忍也！"

孔子三十六岁在齐国听到"韶乐"，竟然三月不知肉味，感叹道,想不到音乐可以达到这样高的境界。究竟是兴奋还是感动,不得而知,总之是推崇备至,因为他看到了"制礼作乐"的真谛。这种乐,是与礼并行不悖的。在他看来,"韶乐"歌颂尧舜的禅让,可谓尽善尽美;"武乐"歌颂武王征战天下,尽美而未必尽善。

"武乐"就是周公制作的"大武"乐舞,在《诗经·周颂》中可以看到它的歌词。乐舞的第一场是武王带兵出征,第二场是灭亡殷商,第三场是征伐南国,第四场是平服南国,第五场是统治东方,第六场是班师还朝。这种由编钟、编磬演奏的雅乐,伴随着舞蹈,出现在政治、宗教仪式中,显示等级森严的社会还有上下和谐的另一面。所以孔子说:"礼之用,和为贵。"

诗、礼、乐,是儒家教化的三元素,三者之间密切相关。诗可以抒发志趣,但是需要用礼来规范约束,用乐来达成和谐。孔子说"兴于诗,立于礼,成于乐",大概就是这样的意思吧!

孔子死后,葬在曲阜城北泗水旁,弟子们在坟墓边的草棚里,服丧三年,追忆先师的谆谆教诲,把他的言论整理成《论语》。孔门弟子出于对先师道德学问的敬仰,以各种方式把它发扬光大。曾子的《大学》,子思的《中庸》,孟子的《孟子》,都致力于阐发《论语》的政治伦理。这就是被后世学者奉为儒家经典的"四书"。

四、秦汉帝国体制

始皇帝——中国第一个皇帝

秦王嬴政在尉缭和李斯的辅佐下,从公元前230年到公元前221年,用战争手段灭亡了韩、赵、燕、魏、楚、齐六国,在华夏大地上建立统一的秦帝国。它以咸阳为首都,东至大海,西至青藏高原边缘,南至岭南,北至河套、阴山、辽东。从此,"海内为郡县,法令由一统"。中国历史由封建时代进入了帝国时代。

此前的夏商周三代的最高统治者,都是"王",而不是"皇帝"。西周的封建体制下,作为政治"共主"的周王,无法对诸侯的封地实行直接统治。秦朝建立了中央集权的郡县体制,由皇帝直接统治全国所有的郡县,直至乡村。这种皇帝制度与帝国体制的缔造者,就是自称"始皇帝"的嬴政。他统一天下后,发布诏令说:"朕为始皇帝,后世以计数,二世三世,至于万世,传之无穷。"虽然秦朝二世而亡,是历史上少见的短命王朝,但是,以后不断的改朝换代,统治者都没有废弃皇帝制度,皇帝这个尊号绵延达两千多年。"至于万世,传之无穷"云云,虽不中,亦不远。

帝国的权力集中于皇帝,皇帝之下有三公九卿,组成管辖全国的中央政府。从形式上看,秦的三公九卿与西周的三公六卿,有些类似,但权限与职责截然不同。

帝国体制的根本性变革是废除地方分权的封建制度,建立中央集权的郡县制度,也就是说,以前各自为政的诸侯国林立的局面不复存在,代之以中央政府直属的郡县两级行政区划。全国划分为三十六郡(以后增加至四十余郡),郡的长官是郡守,其副职是郡尉(分管军事),另外还配备郡监(监郡御史)——直属于中央的御史大夫,代表中央监控地方。郡级行政区划下,设立若干县,长官是县令或县长。县级行政区划下有若干乡,长官有三老(主管教化)、啬夫(主管赋税、诉讼)、游徼(主管治安)。乡以下,还有亭、里的建制,亭设亭长,里设里正。皇帝的政令,通过三公九卿,直达于郡、县,乃至乡、亭、里,深入农村基层。

这种前所未有的中央集权体制,是始皇帝最具历史意义的创举。其起因当然与春秋战国时代列国纷争有关,为了避免再度出现那种状况,他断然决定废止封邦建国的封建体制,代之以中央集权的帝国体制。

这种变革的阻力是不言而喻的,六国贵族企图夺回权力与财产,复辟封建制度,在朝廷中也有他们的代言人。公元前213

年，始皇帝在咸阳宫设宴招待官员，七十名博士应邀赴宴。宴会上，官员周青臣发言，赞扬始皇帝推行郡县制度的好处。博士淳于越讥讽他当面拍马屁，随后滔滔不绝地论述郡县制度不及封建制度优越。始皇帝叫大家议论。丞相李斯驳斥淳于越，用严厉的语气说，书生以古非今，扰乱视听，对于朝廷的政令，口是心非，造谣诽谤，必须予以禁止。为此，他草拟了严禁的办法：只有政府有关部门可以收藏诗书百家著作，民间收藏的此类著作一律焚毁；命令下达三十日后，不焚毁，处以黥刑（在脸上刺刻涂墨）；敢于引用诗书，以古非今的人，处以极刑；官吏知情而不举报，处以同样的极刑。

这就是"焚书坑儒"的由来。由此可见，这场变革阻力之大，不得不动用极端手段，从而招致后人无尽的唾骂。

郡县制与封建制的折中主义

秦的统一无疑是顺应历史潮流之举，被吞并的六国人心不服，始皇帝一死，便蠢蠢欲动。二世皇帝的倒行逆施，加速了秦朝的灭亡。

秦亡以后，群雄并起，谁主沉浮呢？回到先前的封建体制，大家都做诸侯王吧！这就是吕思勉所说的，"秦汉间封建政体的反动"。一手策划此事的，就是西楚霸王项羽。六国贵族的后人，灭亡秦朝的有功之人，都被项羽分封为王，包括刘邦这个汉王在内，一共是十八个诸侯王。这种举措，毫无疑问是倒退，说它是"反动",毫不为过。

刘邦建立汉朝后是否改弦更张呢?没有。如果说,项羽的分封是迎合六贵族的复辟愿望,那么刘邦的分封异姓诸侯王,是出于无奈。这些异姓诸侯王如楚王韩信、淮南王英布、梁王彭越、赵王张敖、韩王信、燕王臧荼、衡山王(长沙王)吴芮,在楚汉战争中已经形成,汉朝建立后,汉高祖刘邦不过是承认既成事实而已。刘邦依靠他们建立大汉帝国,却埋下了潜在的分裂危险。这些异姓诸侯王的封地,几乎接近于战国时期六国的全部疆域。他们自恃开国功臣,凭借手中强大的兵力,与朝廷分庭抗礼。

汉高祖在处死韩信、彭越以后,把其他异姓诸侯王一一剪除。当时形势对于刚刚建立的汉朝而言,十分严峻,不消灭这些异姓诸侯王,后果不堪设想,正如他自己所说:"成败未可知。"问题在于,他消灭异姓诸侯王以后,缺乏自信,又分封了同姓诸侯王。他的儿子刘肥封为齐王、刘长封为淮南王、刘如意封为赵王、刘灰封为梁王、刘恒封为代王、刘友封为淮阳王,他的弟弟刘交封为楚王,侄子刘濞封为吴王。

旧史家说,"汉承秦制",此话并不错。汉高祖继承了始皇帝开创的中央集权的帝国体制,以及皇帝尊号,皇帝之下的三公九卿,地方的郡、县、乡、亭、里行政系统,与秦制完全一样。郡有郡守(后更名为太守)、郡尉等官职,分别掌管政治、军事、监察之权。县分大小,万户以上设县令,万户以下设县长,下辖县丞、县尉,分别掌管文书、治安之职。基层组织是里,十里为亭,有亭长;十亭为乡,有三老、啬夫、游徼,分别掌管教化、税收、治安。

但是，汉承秦制是打折扣的，是在郡县制与封建制之间采取折中主义，推行一种"郡县"与"封国"兼而有之的郡国制。

原因在于，错误地以为秦朝的短命，是由于废除封建制，"孤立而亡"。刘邦分封自己的子弟为诸侯王，希望仰仗刘氏宗室的血缘关系，构筑皇权的屏障。结果适得其反，不久就爆发了吴王、楚王为首的七国之乱，公然向朝廷挑战。汉景帝平定吴楚七国之乱，把诸侯王国的各种权力收归中央，取消其独立地位。汉武帝继续推行"削藩"政策，使得王国只能衣租食税，不能过问政事，诸侯王国名存实亡。所以傅斯年要说，西汉的封建不过是割裂郡县的地理名词而已。

帝国体制的强化

汉武帝刘彻颇有雄才大略，使得大汉帝国尽显威仪，登上了世界的巅峰，与西方的罗马帝国遥相呼应。

他为了提高皇帝的威权，一方面削弱丞相的权力，另一方面建立皇帝直接掌控的宫内决策机构，称为"中朝"或"内朝"，而丞相领导的中央政府称为"外朝"，沦为执行机构。同时，为了加强中央对地方郡国的控制，把全国分为十三部，皇帝向每一部派遣一名刺史，代表中央监察郡国一级长官。当时有一百零八个郡国一级政区，由中央直接管理似乎鞭长莫及，刺史部的建立解决了这一难题。刺史部只是一个监察区，负责监察若干郡国。然而，刺史的地位并不高，不过是年俸六百石的小官，他监督的郡国守相是年俸二千石的大官。以小制大,可谓一举两得,既可以防止监察区成为变相的大行政区,导致尾大不掉,又可以加强中央对地方的控制。

汉武帝在位的半个多世纪,帝国日益强大,不断向边陲及亚洲腹地发动军事远征。向西南远征的结果,是在那里设立了三个郡;向南方的远征,则把版图扩展到越南北部,在那里建立九个郡;向东北远征的结果,是在朝鲜半岛建立了四个郡。北方与西北方的远征军,在李广、卫青、霍去病的指挥下,击败了骚扰中原的匈奴,在西北边陲设立了两个郡。

在这样的背景下,张骞受命两次出使西域。第一次出使,联合大月氏夹击匈奴;第二次出使,联合乌孙夹击匈奴,目的都是"断匈奴右臂"。张骞外交活动的影响是深远的。一方面,他归国后向汉武帝报告西域见闻以及关于中亚的第一手信息,甚至还有前往印度的路线与有关罗马帝国的消息。另一方面,他为丝绸之路的开通奠定了基础。

从当时的首都长安出发,经过河西走廊、武威、张掖、酒泉、敦煌,再西行,经玉门关、阳关往西的商路有两条:一条是南路:从鄯善沿南山(昆仑山)北麓到莎车,越过葱岭(帕米尔),到达大月氏、安息等国,再西去,可以通向大秦(罗马帝国)。另一条是北路:沿北山(天山)南麓西行,越过葱岭,可以到达大宛、康居、奄蔡等国,再往西可以通向大秦。这就是声名远扬的丝绸之路。

汉朝的使臣和商人,可以抵达中亚、波斯、里海和地中海东岸。中亚、西亚各国的使臣和商人也纷纷东来。中国精美的丝绸源源不断运往中亚、西亚各国,并且转运到罗马帝国。丝绸成为罗马元老院议员与贵族夫人的珍贵衣料,以至于罗马人把中国称为Seres(拉丁语"丝绸")。

泱泱大汉当然需要统一的意识形态作为支撑,"罢黜百家,独尊儒术"提上议事日程,并成为国策。这一国策的表述者——春秋公羊学大师董仲舒,根据"春秋大一统"思想,批评当时的状况:师门不同,议论各异,百家都有各自的治国方略,统治者无法保持一贯的方针,使得百姓无所凭借。因此,他主张运用政权力量,阻止其他学派与师从孔孟的儒家学派齐头并进。

其实,在此之前汉武帝已经采用丞相卫绾的建议,罢黜专治法家、纵横家学说的官员;把不研究儒家经典的"太常博士"一律罢黜,把黄老刑名等百家之学从官学中排除。汉武帝根据董仲舒、公孙弘的建议,设置五经博士,专门研究《诗》《书》、《礼》《易》《春秋》等儒家经典,在首都长安建立太学,教授五经,从学习五经的太学生中选拔官员。这就是"罢黜百家,独尊儒术"。这种政策旨在确立儒家学说在官学中的"独尊"地位,不许其他学派分沾,而不是禁止诸子百家在社会上流传,读书人要研究,尽可自便。

在现实政治中,汉武帝的"独尊儒术"是有所保留的,拘泥迂腐的儒术,和他好大喜功的作风格格不入。所以他相当依赖法家,为帝国实施财政经济改革的桑弘羊,就出自法家。这种施政方针被称为"儒表法里"——用儒术掩盖下的法治,正如他的孙子汉宣帝所说的,"汉家自有制度,本以霸王道杂之",透露出王道(儒)与霸道(法)并用的秘密。

1. 秦始皇像
2. 汉武帝像（石刻）
3. 敦煌壁画所见张骞通西域图

经学走火入魔

汉武帝"罢黜百家,独尊儒术",是为中央集权寻求意识形态的支撑。运用政权力量控制意识形态,其实是法家的发明,韩非、李斯都精于此道。始皇帝根据他们的理论,用"焚书坑儒"的手段来对付读书人,控制意识形态,实际上并不成功。正如一位诗人所说:"坑灰未冷山东乱,刘项原来不读书。"推翻秦朝的刘邦、项羽并不是读书人。《汉书·儒林传》说,汉武帝用功名利禄来引诱读书人,只有精通儒家经典才能进入仕途,把读书人的聪明才智束缚于儒家经学之中,专注于章句训诂,而无暇旁骛,终于达到了控制的目的。

随着儒家经学成为官学,与功名利禄相联系,它的弊端就日益显露。吕思勉谈到经学的弊端时指出:"郑玄遍注群经,在汉朝号称最博学的人,而其经说支离灭裂,于理决不可通,自相矛盾之处不知凡几。此等风气既盛,治经者遂多变为无脑筋之徒。虽有耳目心思,都用在琐屑无关大体之处。"

从汉武帝建元五年(公元前136年)设置五经博士,到汉平帝元始年间,将近一百四十年,在功名利禄的刺激下,儒家经学得到了突飞猛进的发展。儒家经典的篇幅都不大,对它的注释却动辄百余万言,以此为专业的经师多达千余人。专攻经学的博士弟子由武帝时的五十人,逐步递增,昭帝时一百人,宣帝时二百人,元帝时一千人,成帝时增加到三千人。到了东汉顺帝

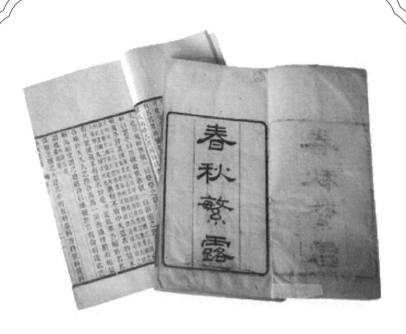

1. 《春秋繁露》书影
2. 熹平石经残片，最早的官定儒家经本石刻
3. 董仲舒像

时期,太学的博士弟子猛增到三万人,在太学附近私塾里还有近万人在攻读经学。

在浩荡大军推动下,经学向政治渗透,几乎无孔不入。汉元帝多才多艺,却毫无政治才干,所用的大臣,多是迂腐的经学家。朝廷讨论国事,只会引用儒家经典语录来判断是非曲直。汉成帝沉迷于经学,用儒家经典的教导来包装自己,却不知道如何执政。

西汉末年篡夺政权的王莽,本身就是一个经学家,言必称三代,事必据《周礼》。他的顾问——经学大师刘向之子刘歆,以"国师公"身份,用古文经学为新朝构建一套不同于今文经学的理论,作为"托古改制"的依据。王莽事事处处以周公为楷模,亦步亦趋,使他的改革显得迂腐不堪,与时代格格不入。

东汉建立者光武帝刘秀精通经学,爱好谶纬。谶纬是经学的衍生物,用一种神秘主义方式解释儒经,形成了谶纬之学。谶是假托神灵的预言,纬是假托神意解释儒经的书。王莽当上皇帝,利用了谶纬;刘秀当上皇帝,也利用谶纬。在这一点上,刘秀与王莽颇为相似,不过刘秀略逊一筹。王莽为了政治目的利用谶纬,心里明白那是假的。刘秀为了政治目的利用谶纬,却发自内心,深信不疑,无论做什么事都要靠谶纬来决定。

日本学者内藤湖南评论道:充分利用谶纬学说的是王莽。他通过伪造图谶而夺取了汉室。让人不可思议的是,光武帝也以谶纬为武器,推翻了王莽,使汉室中兴,这真是因果报应。当人们把学问变成一种已经玩熟的玩具时,便不再满足于对经书的一种解释,而开始依据不同的知识来加以穿凿附会。

谶纬的盛行,使得经学走火入魔了。

五、三国鼎立与魏晋风度

三国何时鼎立？

东汉王朝晚期，社会秩序趋于崩溃，爆发了太平道首领张角倡导的黄巾起义。当时巴蜀一带流行"五斗米道"——道教的一个流派，因为信教者要出五斗米而得名。巴郡五斗米道首领张修发动起义，与张角遥相呼应。在蜀郡的五斗米道首领张鲁，格外引人注目。

张鲁以治病的方式传教，提倡在教徒之间实行互助，信教的农民很多。张鲁利用张修起义的影响，在汉中传布五斗米道，自称"师君"，下辖若干"祭酒"。各部祭酒都在大路上建设房舍，称为"义舍"，并且提供米肉，称为"义米义肉"，教徒可以免费住宿吃饭。这种政教结合、劳武结合的社会组织内部，吃饭不要钱，有点类似后来水泊梁山的"大块吃肉，大碗喝酒"，带有劫富济贫的意味。这种现象源于道教的平均主义——"损有余以补不足",在当时及后世都有很大影响。曾几何时,这种基于小农经济的平均主义理想出现了回光返照,说吃饭不要钱是一千六百年来农民追求的理想云云,便是一个明证。

黄巾起义延续了二十多年,使东汉王朝陷于名存实亡的状态之中。乱世之奸雄曹操收编了三十万黄巾军以后,军事实力大增,从长安逃出来的汉献帝,被他迎接到许昌,取得了"挟天子以令诸侯"的地位,俨然成为汉室的护法神。

踌躇满志的曹操以为可以一举拿下江南,便挥师南下。江东的孙权与依附荆州刘表的刘备,决定联盟,共同抵御曹军。刘备派诸葛亮前往柴桑(今江西九江)商议联手抗曹事宜。诸葛亮向东吴人士分析形势:曹军远道而来,犹如强弩之末,又不习水战,孙、刘合作定能取胜;曹操败后势必北撤,三分天下的局面自然形成。

建安十三年(208年)冬,曹军战舰首尾相接,浩浩荡荡开到了赤壁。孙刘联军不过五万,与号称八十万实际近二十万的曹军相比,显然处于劣势。但是,优势与劣势是可以转化的。曹军长途跋涉,水土不服,军中发生传染病,士气低落,优势已消失大半。刚一交战,就败退江北。曹操当然不甘心,他针对士兵不习水战的弱点,把战舰用铁链锁在一起,减少晃动。这种做法十分愚蠢,一旦遭到火攻,将不可收拾。果然不出所料,老将黄盖巧施诈降计,十艘战舰满载浸透膏油的柴草,凭借冬天少有的东南风,向江北疾驶。曹军满以为是来投降的,毫无戒备。十艘战舰接近曹军时,突然火烧油草,烈火借着东南风的助威,直扑曹营,一时烈火滚滚,浓烟弥漫,锁在一起的战舰及岸上军营全部葬身火海。联军乘势水陆并进,曹操落荒而逃。

这就是著名的赤壁之战。二十八岁的诸葛亮和三十四岁的周瑜,运筹帷幄,充分发挥胆识与韬略,以少胜多,打赢了这场关键战役。

赤壁之战后,果然如诸葛亮所言,曹、孙、刘三分天下,初露端倪。人们往往以为,这时三国鼎立局面已经形成,其实不然。曹操活着时,并没有建国称帝,遑论孙权、刘备!也就是说,那个时候并没有三个并立的国家,充其量不过是三个割据势力而已。

关羽败走麦城,被吴军杀死,荆州失守。孙权害怕遭刘备报复,上书向曹操称臣,劝曹操代汉称帝。曹操识破他的用心,对左右说:这小子想把我放在炉火上烤啊!曹操不想代汉称帝,是避免成为众矢之的。一直到死,他的身份始终是汉朝的丞相。

建安二十五年(220年),曹操去世,他的儿子曹丕废掉了汉献帝,自立为帝,国号魏,首都洛阳。

次年,刘备称帝,国号汉,首都成都。

再次年,孙权称帝,国号吴,首都建业(南京)。

三国鼎立的局面至此正式形成,而赤壁之战已经过去十多年了。

打着"禅让"幌子的篡立

诸葛亮信奉申不害、韩非的法术,用法术治理蜀汉。在对外关系方面,他始终坚持联吴攻魏的策略。刘备为了替关羽报仇,打算攻打江东,他极力劝阻;刘备死后,他派人出使吴国,重新结盟。在著名的《出师表》中,他回顾自己"受任于败军之际,奉命于危难之间",以忧患心态对待刘备的临终托孤。在"鞠躬尽瘁,死而后已"心情的驱使下,出师北伐,屯兵汉中,进攻祁山。当时魏与吴正面对峙,西面空虚,蜀汉取胜是有可能的。但前锋参军马谡违反节度,在街亭(今甘肃秦安)溃败,丧失大好时机,诸葛亮只得退回汉中。以后三年,多次出兵,由于兵力不足,军粮接济困难,均不支而退。

诸葛亮在距离长安一百多里的五丈原(今山西眉县),同魏将司马懿相持一百多天,积劳成疾,病逝于军中,享年五十四岁。遵照他的遗命,安葬于汉中定军山(今陕西勉县西南)。蜀汉退兵后,司马懿率军巡视诸葛亮部署的营垒,叹道:"天下奇才也!"英雄之间惺惺相惜的情感,令人感慨。历史学家钱穆在《国史新论》中说:三国俨然一段小春秋,曹操、诸葛亮、鲁肃、周瑜,都以书生在大乱中跃登政治舞台,他们虽身居高职,依然儒雅风流,不脱书生面目。诸葛亮、司马懿在五丈原,陆逊、羊祜在荆襄的对垒,成为历史佳话,以前只有春秋时代有此高风雅趣。

诸葛亮去世,对于魏国吞并南方,是一个好消息。孰料,魏国内部却发生了内讧。最终,司马氏打着"禅让"的幌子,篡夺曹魏政权。

历史现象往往会重演。220年曹操之子曹丕逼汉献帝让位,自己称帝(魏文帝),为了掩人耳目,美其名曰"禅让",仿佛是

1. 诸葛亮像
2. 晋武帝司马炎像
3. 曹魏受禅表碑（局部）

汉献帝主动让贤似的。没有料到,相隔不到五十年,265年司马炎重演曹丕代汉的"禅让"故事,废黜魏元帝曹奂,自立为帝(晋武帝)。此人既想篡位,又想逃避篡位的恶名,便上演"禅让"的把戏,迫使曹奂主动让位,自己假惺惺推却一番,篡位终于美化成"禅让",双方都被描绘成尧舜般的圣君。

司马氏是当时有名的世家大族,世代担任东汉王朝的将军、太守。司马懿则是这一家族中的佼佼者,极富谋略,又善于权变,在战争中树立了声望,颇为魏文帝曹丕所器重。魏文帝死,继位的魏明帝曹睿,没有一点祖父、父亲的才干。临死前托孤,命宗室曹爽与司马懿一起辅佐八岁的曹芳。曹爽忌惮司马懿权重,难以驾驭,削夺他的兵权。司马懿装病不出,暗中窥测时机,乘曹芳、曹爽出城上坟之机,发动政变,把曹氏兄弟及重要官员一网打尽。从此魏国权力完全落入司马氏家族之手。司马懿死后,儿子司马师掌权,曹芳想夺权,反被司马师废掉,另立曹髦为帝。司马师死,弟弟司马昭执政,曹髦不甘心受挟制,扬言:"司马昭之心,路人所知也!"结果被司马昭杀死,另立曹奂为傀儡皇帝。

265年,司马昭死,儿子司马炎索性废掉曹奂,自己做起皇帝来了。不过,那是打着"禅让"幌子进行的,国号由魏改变为晋。

竹林七贤与魏晋风度

司马氏在篡权废魏的过程中,政治野心与卑劣手腕暴露无遗，恪守正统观念的士人对此极为反感。然而螳臂岂能挡车，徒唤奈何！

继司马昭消灭了蜀汉政权之后，司马炎消灭了东吴政权，三国鼎立的局面不复存在，被统一的晋朝所代替。这个统一过程充满了暴力与恐怖，士人们对此敢怒而不敢言，害怕招来杀身之祸，不得已采取玩世不恭的态度，佯狂避世。"竹林七贤"——嵇康、阮籍、山涛、阮咸、向秀、王戎、刘伶，就是他们的代表人物。

他们当中，有的崇尚虚无，蔑视礼法；有的纵酒昏睡，放浪形骸。外人看来疯疯癫癫，其实是佯狂，内心极为清醒。公开场合装得清高洒脱，特立独行，私下里痛苦万分。人格完全分裂了。

他们都是知名人士，有很高的社会声望，司马氏为了稳定自己的天下，特别需要这些人出来唱赞歌。凭借手中的权力，软硬兼施，分化瓦解，迫使他们公开表示归顺和拥护的政治态度，山涛、阮籍、向秀等人，不得不先后顺从司马氏政权。

山涛，号巨源，与司马懿有亲戚关系，曹爽被杀后，隐居不出。在司马氏的强大压力下，只得出来做官，当过吏部尚书、尚书右仆射。他想引荐嵇康出来做官，遭到嵇康严词拒绝，并且和他绝交。

阮籍，曾经当过步兵校尉，人称阮步兵。他生性高傲，放荡不羁，为了保全自己，故意装作"不与世事"，终日酗酒，无奈司马氏软硬兼施，违心地写了"劝进表"，为司马昭歌功颂德。后来，他竟然做到"口不臧否人物"的地步，结果得以终其天年。

嵇康,字叔夜,因为与曹氏宗室联姻,不肯倒向司马氏。山涛引荐他出来做官,他愤然写了一封绝交信——《与山巨源绝交书》,断然表明态度:"但欲守陋巷,教养子孙,时时与亲旧叙离阔,陈说平生,浊酒一杯,弹琴一曲,志意毕矣。"关于《与山巨源绝交书》,台湾学者台静农别有一番解释:"山巨源与嵇叔夜,两人应是相知的了,心情上多少具有共同呼吸之感。后来山公将委身司马氏为选曹郎,居然荐叔夜自代,使叔夜不得不写那封绝交书。虽然是好友,出处岂能强同?山公行事,又不像有意拖人下水的人,那么山公真是不知叔夜的人了。叔夜那封绝交书招致的后果,不知山公作何感想。"

那后果便是,司马昭捏造一个罪名,把嵇康处死。嵇康死时才四十岁,临刑还弹了一曲《广陵散》。原先为了避祸,和嵇康一起佯装打铁的向秀,见嵇康被杀,无可奈何地前往洛阳,归顺了司马昭。

魏晋之际真是一个动乱而迷惘的时代,名士们苟全性命于乱世,心态发生了畸形的裂变,摆脱名教而自命通达,成为当时的流行风尚。

儒家一向讲究仪表端庄,道貌岸然。魏晋名士反其道而行之,走向两个极端:或者过分注重化妆,涂脂抹粉,追求阴盛阳衰的病态美,男人女性化;或者不修边幅,破衣烂衫,放浪形骸,故意丑化自己,看起来似乎是一个邋里邋遢的疯子。如果说,前者是内心空虚的矫揉造作,那么,后者便是发泄内心郁闷的伪装。

请看后者的种种表现:名士们接待宾客,故意穿破衣烂衫,

1
2 | 3

1. 南朝墓石砖画《竹林七贤与荣启期》(修复图)
2. 《竹林七贤与荣启期》(局部)——王戎(青砖模印图)
3. 赵孟頫书法《嵇叔夜与山巨源绝交书》(局部)

"望客而唤狗";参加宴会,故意不拘礼节,"狐蹲牛饮,争食竞割"。更有甚者,赤身裸体,一丝不挂,美其名曰"通达"。阮籍经常在外人面前,脱光衣裤,叉开双腿坐着,称为"箕踞"(一种失礼的坐姿)。刘伶一丝不挂在室内会客,客人表示惊讶,他却振振有词地说:我把天地作为房屋,把房屋作为衣裤,诸君为何进入我的裤中?

竹林七贤这种怪诞行为,是出于对现实的不满,佯狂而放纵,人们把他们看作疯子、狂人,其实他们内心十分清醒。他们的名士效应,引来众人羡慕,从表面上效仿,纷纷"散首披发,裸袒箕踞",那是不明就里的东施效颦。

饮酒本是一种高雅的风气,曹孟德唱道:"对酒当歌,人生几何?何以解忧,唯有杜康。"《世说新语》说:"名士不必须奇才,但使常得无事,痛饮酒,熟读《离骚》,便可称名士。"这里说的是假冒名士的捷径,真正的名士饮酒并非附庸风雅,而是为了避祸。

司马昭想迎娶阮籍的女儿为儿媳,阮籍极不愿意和司马氏结成儿女亲家,当面拒绝会招来政治麻烦,于是乎大醉六十日,使得对方无从开口,欲杀不能。司马氏想加罪于他,多次派钟会向他询问对时事的看法,企图抓住把柄,罗织罪状。不料每次去,阮籍都酩酊如泥,根本无法交谈。饮酒的妙用发挥到了极致,竟然成为躲避政治灾祸的不二法门,《晋书·阮籍传》说:"(阮)籍本有济世志,属魏晋之际,天下多故,名士少有全者,籍由是不与世事,遂酣饮为常。"看来他并非嗜酒成癖的高阳酒徒,狂醉乃是无可奈何的痛苦选择。

汉朝的经学,一失于迷信的谶纬,二失于繁琐的传注,三失于经师的墨守家法，拘泥而僵化。到了魏晋这个动乱时代，既不能治国安邦，也不能成为功名利禄的捷径，更不能消灾避祸，人们纷纷另辟蹊径，于是出现了玄学。名士们注重内在的精神自我完善，轻视外在的功名富贵，内心旷达，形迹放浪，表现出某种反潮流的姿态。

嵇康不涉猎经学，喜欢读《老子》《庄子》，敢于非议成汤、武王，鄙薄周公、孔子，扬言：儒家经典未必是人人必须的太阳。他提倡超越儒家名教，听任自然。这是对儒家政治伦理的大胆挑战。

阮籍更加厉害，对遵循儒家礼法的假名士，他轻蔑地称为"裈中之虱"。他会用青白眼看人，对看不顺眼的"礼俗之士"，就翻白眼，视而不见。因此恪守儒家礼法的人，对他"疾之若仇"。

竹林七贤的风度，令后人欣羡不已。旅美作家木心在《哥伦比亚的倒影》中，笔底颇带感情地写道："滔滔泛泛之间，'魏晋风度'宁是最令人三唱九叹了；所谓雄汉盛唐，不免臭脏之讥；六朝旧事，但寒烟衰草凝绿而已；韩愈李白，何足与竹林中人论气节。宋元以还，艺文人士大抵骨头都软了，软之又软，虽具须眉，个个柔若无骨，是故一部华夏文化史，唯魏晋高士列传至今掷地犹作金石声，投江不与水东流……"这种汪洋恣肆的品评，于偏激中闪现独具只眼的史识，木心端的是在"三唱九叹"了。

六、充满活力的世界性帝国

胡人汉化与汉人胡化

魏晋南北朝史专家何兹全说：西晋末年随着士族上层的渡江，装在他们头脑里的玄学也被带过江去，原先影响甚微的经学士族留在北方，他们保持着汉朝讲经学重礼仪的旧传统。而胡族政权武力占据北方，要立国中原，必须熟悉儒学传统，崇尚中原文化，以汉法治汉人。胡族君主与汉人士族在这种背景下，进行了卓有成效的合作，儒学显示了强大的生命力与同化作用。

胡人汉化的进程，在鲜卑人建立的北魏达到了高潮。魏孝文帝拓跋宏主张全面汉化，无论其决心抑或成效，都令人叹为观止。太和十八年（494年），他决定把首都从平城（今山西大同）迁往洛阳，义无反顾地走上了全面汉化之路。起先他还迁就鲜卑贵族的故土情结,特许"冬则居南,夏便居北"。后来便规定,迁居洛阳的鲜卑人,死后一律葬在洛阳,并且把籍贯改为洛阳,割断与代北的联系。经过三十年,他们逐渐汉化,融合在汉人之中。这是与一系列政策密切相关的。

最为引人注目的一点,是"断诸北语,一从正音",即把官方语言由鲜卑语改为汉语,明令禁止三十岁以下官员说鲜卑话,违禁者一律降职或罢官。与此相关联的是把鲜卑复音姓氏统一改为单音汉姓。皇族带头,把"拓跋"改为"元",其他大姓,如"丘穆陵"改为"穆","步六孤"改为"陆","贺赖"改为"贺","独孤"改为"刘","贺楼"改为"楼","勿忸于"改为"于","纥奚"改为"嵇","尉迟"改为"尉","达奚"改为"奚"等。

元宏(拓跋宏)亲自拟定条例,规定鲜卑穆、陆、贺、刘、楼、于、嵇、尉八大姓,与汉人士族的范阳卢氏、清河崔氏、荥阳郑氏、太原王氏等大姓联姻。皇室带头,迎娶卢、崔、郑、王及陇西李氏之女,上下效仿,入居中原的鲜卑人很快与汉人融为一体。这不能不说是汉化政策的极大成功。

与胡人汉化相映成趣的是汉人胡化。这种变化早在东汉末年就已初露端倪,《后汉书·五行志》写道:汉灵帝喜好胡服、胡帐、胡床、胡坐、胡饭、胡箜篌、胡笛、胡舞,京都的达官贵人都竞相仿效,掀起了汉人胡化之风。

这种风气从五胡十六国一直持续到北朝。与"胡服"、"胡饭"、"胡舞"相比较而言,最值得一提的是"胡床"。此处所谓"床",并非睡觉用的床铺,而是胡人发明的坐椅,汉人称为"胡床"。胡床自北而南广为流行,促使高脚家具的兴起,终于使汉人摆脱席地而坐的习惯。这是极具革命性的变化。人们只消看一下现今日本、韩国依然保存的席地而坐风尚,便可以知道东汉以前的席地而坐是怎么一回事了。至今仍在沿用的"筵席"一词,很多人已经不知道它的本意,其实是与席地而坐习俗紧密相连的。在席地而坐时代,举行宴会时,地上铺上一张大的"筵"(类乎榻榻米),再在"筵"上面摆放许多小的"席",作为宾客的坐垫。这种"筵"和"席"都很薄,坐在筵席上,和坐在地上没有什么两样。因此,当时没有必要置备高脚家具,"筵席"上使用的几、案,都是矮脚家具。胡床的流行,带动了高脚家具的兴起,从此人们摆脱了席地而坐的习俗,宴饮搬到高高的桌子上,人们在高脚的椅子、凳子上垂足而坐,比席地而坐要舒坦多了。这可是汉人胡化的功劳。

"天可汗"的太平盛世

北朝与南朝的对峙,毕竟是暂时的,必然要重建新的统一局面。当然,这种统一,不可能寄希望于死气沉沉、萎靡不振的南朝,而是由充满朝气与活力的北朝来实现的。胡人汉化与汉人胡化,为统一创造了条件。

重建统一帝国的隋文帝杨坚,是北周的军事贵族,他的父亲杨忠是北周重臣,他的妻子独孤氏出身于北方胡人势力最大的门第。杨坚有着汉人与鲜卑人的混合血统,在他身上,兼具胡人汉化与汉人胡化的双重色彩。这种汉人与胡人兼容的背

1. 隋文帝杨坚像
2. 敦煌壁画所见汉化胡人
3. 敦煌壁画中坐在胡床上的人物形象

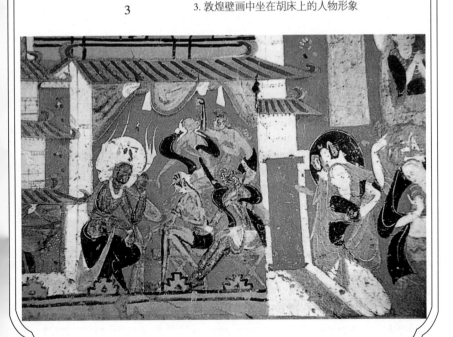

景,使得新建的隋帝国具有与汉帝国截然不同的特征。日本学者谷川道雄在《隋唐帝国形成史论》中指出:胡族与汉族人民否定门阀主义身份秩序,追求平等自由身份的努力,在东魏、北齐政权下没有成功,但在西魏、北周那里却得到了实现。继承北周政权的隋唐,是一个保障胡汉民族融合和自由的公共性国家。

隋朝国祚短促,二世而亡,然而它创建的一系列制度,如帝国中央的三省六部制度,帝国的文官考试——科举制度,帝国的人口管理制度,帝国的控制体系——以洛阳为中心的大运河等,都被唐朝所继承,并且日趋完善,开创了一段空前辉煌的历史。

历史学家陈寅恪认为,隋唐制度渊源都带有胡人因子,李唐皇室之女系母统杂有胡人血胤,世所共知。大唐将相之中颇有胡种,更不足为奇。岑参诗曰:"花门将军善胡歌,叶河番王能汉语";"琵琶长笛曲相知,羌儿胡雏齐唱歌"。几百年胡人汉化与汉人胡化同步构建的新时代,洋溢着前所未有的活力。

唐朝的缔造者李渊,出生在山西地区一个有着汉人与胡人混合血统的贵族之家,他的母亲独孤氏出身于突厥望族,与北周、隋两家皇室有着密切关系,因而世袭唐国公。618年,隋炀帝被起义军处死,李渊正式称帝,建立唐朝。李渊是建立唐朝在先,消灭各个割据势力在后,唐朝实际上并不是作为隋的对立面出现的,而是作为它的继承者出现的。

唐高祖李渊的儿子——唐太宗李世民,无论文治武功,还是外交内政,都值得赞赏,取得了超越泱泱大汉的业绩。个中道理何在?一言以蔽之,端在于汉胡互化。正如他自己所说:"朕才不逮古人,而成功则过之。所以能及此者,自古皆贵中华,贱夷狄，朕独爱之如一，故其种落皆依朕如父母。"因此，他才被周边民族的可汗推崇为高居于他们之上的"天可汗"。

学者黄仁宇谈到贞观之治时，动情地写道："公元7世纪的初唐，可算得是中国历史上令人振奋的一段时期。630年李靖破突厥，唐太宗李世民被四夷君长推戴为'天可汗'。当日高祖李渊已退位为太上皇，仍在凌烟阁置酒庆贺。上皇自弹琵琶，皇帝当众起舞，这种场面，在中国历史上绝无仅有。"说得太好了。我想补充一句，在这种氛围下培育出来的太平盛世，以后也不曾再现。

唐太宗不但不骄纵，反而有一种忧患心态，他说："天子者，有道则人推而为主，无道则人弃而不用，诚可畏也。"谏议大夫魏徵经常对他提出尖锐的批评，他都能够虚心接受，使政治安定，百姓乐业。这种君臣关系，后人津津乐道，引为君臣关系的楷模。确实，贞观时期君臣之间的纳谏与直谏的良好风气，在历史上极为少见。唐太宗以隋炀帝拒绝纳谏、文过饰非为鉴，虚怀博纳，从谏如流。大臣们大多出于公心，敢于直言，面折廷争。就是在这种良好的政治氛围中，唐太宗和他的大臣长孙无忌、房玄龄、杜如晦、魏徵等，联手缔造了持续二三十年的太平盛世——贞观之治。

皇帝与大臣之间的权力制衡，是贞观之治的关键。唐承隋制，中央设立三省——中书省、门下省、尚书省，总理全国政务。皇帝颁布政令，必须通过中书省、门下省副署，才算合法。凡国家大政方针，先由中书省研究，作出决定，再由门下省审核，如有不当，可以驳回。中书省、门下省副署以后，才交由尚书省及其下辖的六部付诸实施。

中央政府设立政事堂,作为宰相的议事机构,一切重大政务都由政事堂会议讨论,经皇帝批准后颁行。三省的首长:中书省的中书令、门下省的侍中、尚书省的左右仆射,都是宰相。以后凡是参加政事堂会议的其他大臣,带有"参知机务"、"参知政事"等头衔,也都是宰相。所以参加政事堂会议的宰相,多达一二十人。钱穆在《国史新论》中说:"汉代宰相是首长制,唐代宰相是委员制。最高议事机关称政事堂……凡遇军国大事,照例先由中书省中书舍人(中书省属官)各拟意见(五花判事),再由宰相(中书省)审核裁定,送经皇帝画敕后,再须送门下省,由给事中(门下省属官)一番复审,若门下省不同意,还得退回重拟。因此必得中书、门下两省共同认可,那道敕书才算合法……皇帝不能独裁,宰相同样不能独裁。"皇帝、宰相都不能独裁,就是巧妙的权力制衡。

唐太宗采纳魏徵的建议,确立宽仁、慎刑的宗旨,让长孙无忌、房玄龄修订法律。贞观十年(636年)正式公布的《唐律》(即《贞观律》),比前朝法律几乎删减一半,也比号称宽简的隋朝《开皇律》更为宽简。据说,贞观四年全国判处死刑才二十九人。法简刑轻,是太平盛世的一个标志。贞观一代,君臣上下守法成风,《贞观政要》说,官吏大多清廉谨慎,王公贵族、大姓豪猾之辈,都畏威屏迹,不敢侵欺百姓。于是乎出现了这样的状况:"商旅野次,无复盗贼,囹圄常空,马牛布野,外户不闭。"

这就是被称为"贞观之治"的太平盛世。

充满活力的世界性帝国

美国学者伊佩霞(Patricia Buckley Ebrey)在《剑桥插图中国史》中如此定位唐朝:"将中国扩展成一个充满活力的世界性帝国"。对此,她作了简短的引申:"国家的统一,南北大运河的开通,两座宏伟京城的修建和国内贸易的扩大,均刺激了经济的发展。唐朝京城长安发展成世界上最大的城市,有居民百万,吸引着来自亚洲各地的商贾、留学生和朝拜者。"

首都长安由宫城、皇城和郭城三部分组成,全城呈长方形,周长36.7公里,面积84平方公里,规模之大,在当时世界上没有一座城市可以与之比肩。它不仅是全国的政治、经济、文化中心,而且是举世闻名的国际都会,东西方文明的交汇中心。全国有2万多公里的驿道,1 639所驿站,编织成发达的交通运输网络,它的辐射中心就是长安。西域各国和大唐来往,长安是目的地,也是中转站;东亚、南亚各国走陆路与西域交往,长安是必经之地。各国使节频繁来此进行政治活动,传播域外文化,也从这里带回唐朝文化。四方文士云集于此,又有左右两教坊,能歌善舞,域外传来新声佳曲,经教坊上演,文士吹捧,传遍京城,影响海内。

当时世界上的许多国家都与唐朝有频繁的交往。美国学者谢弗(C.H.Schafer)在《唐代的外来文明》一书中说:"在唐朝统治的万花筒般的三个世纪中,几乎亚洲每个国家都有人曾经进入过唐朝这片神奇的土地……前来唐朝的外国人中,主要有使臣、僧侣和商人这三类人。"他还说,长安的外来居民数量相当庞大,主要是北方人和西方人,即突厥人、回鹘人、吐火罗人、粟特人、大食人、波斯人、天竺人。

成千上万的外国人带来了他们的信仰和宗教,并且在中国大地上生根发芽。

——波斯萨珊朝的国教袄教(拜火教),6世纪传入中国,它和伊斯兰教、摩尼教、景教一起在唐朝初期传播。唐朝前期、中期,随着胡商日益增多,长安和洛阳都有袄教寺院。7世纪70年代,萨珊朝波斯王子卑路斯来到长安,应他的请求,唐高宗下令在醴泉坊建造波斯胡寺,成为旅居长安波斯人礼拜集会的场所。

——大食(阿拉伯)的第三任哈里发奥斯曼,派遣使节来到长安,朝见唐高宗,是伊斯兰国家和中国的第一次正式外交往来。伊斯兰教随之传入中国。

——东罗马帝国(拜占庭帝国)与唐朝长安、西突厥汗廷之间,都有使节和商旅往来,景教(基督教聂斯脱利派)随之传入中国。贞观九年(635年)景教僧侣阿罗本来到长安传教,唐太宗在诏书中说"波斯僧阿罗本,远将景教来献上京",下令在长安城中的义宁坊建立景教寺院,当时称为波斯寺,唐玄宗时改称大秦寺。建中二年(781年),吐火罗人出资在那里树立"大秦景教流行中国碑",为历史留下了宝贵的记录。明朝天启年间,这块碑刻被发现后,对它考证、研究的学者前赴后继,中国学者冯承钧、向达、方豪、罗香林,日本学者佐伯好郎、石田干

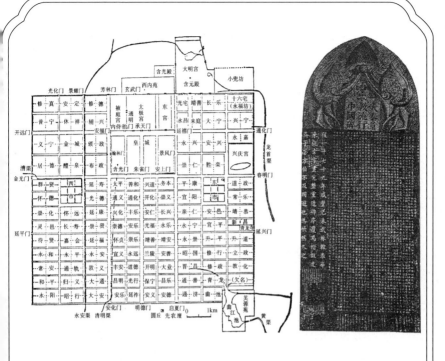

1. 唐长安城郭布局示意图
2. 唐建中二年（781年）所立"大秦景教流行中国碑"
3. 大秦寺塔

之助,法国学者伯希和,便是其中的佼佼者,它的重要性由此也可见一斑。

唐朝与东邻的交往则是另一种景象。

唐文化东传朝鲜,佛教起了媒介作用,其中圆光和尚的贡献最值得注意。他在隋末唐初逗留长安四十年,回国后,深得新罗国王信任,传播佛教,被尊为圣人。他主张五戒(事君以忠,奉亲以孝,交友以信,临阵勿退,慎于杀生),把儒家伦理融入佛教教义之中。花郎(贵族少年)深受影响,形成"花郎魂"。

新罗先后来到唐朝留学的学生,有两千人之多。仅仅晚唐的几十年中,在长安科举考试中金榜题名的新罗留学生就有五十八人,他们"登唐科第语唐音",回国后传播唐文化。新罗积极吸收唐朝的律令、科技、佛教、儒学、学校、科举等政治文化之精髓。

繁荣昌盛的唐朝吸引新罗移民,在沿海地区形成新罗侨民的聚居地,以经商、运输为业。日本圆仁和尚《入唐求法巡礼行记》说:唐朝后期的登州、莱州、青州、泗州、海州、扬州等地,都有新罗村、新罗院、新罗坊、新罗馆。

新罗在各方面都深受唐朝影响,以至于西方汉学家把新罗看作是"唐朝的微型翻版"。当时的日本,也被看作另一个"唐朝的微型翻版"。

日本的遣唐使,以及随同前行的留学生、学问僧,不绝于途。据日本学者研究,日本曾派出十九批遣唐使,其中的三批,仅限于任命而未成行。其余的十六批,又有三批是"送唐客使",一批是"迎入唐大使",因此正式遣唐使是十二批。随行的留学生、学问僧等专业人员,在长安学习唐朝的政治制度、文化及佛法。开元、天宝年间,大唐成为亚洲乃至世界瞩目的大国,遣唐使达到高峰,有三批遣唐使的随行人员都超过五百人。遣唐使及随员回国后,在日本掀起输入唐文化的高潮。

日本的大化革新是在遣唐使的推动下实行的,它的一大举措是在浪速(大阪)按照长安的模式建立新的首都与政府部门,确立唐朝式样的赋税制度。以后的首都平城(奈良),也完全仿照长安设计建造,不过面积只有长安的四分之一。在琵琶湖南岸的首都平安(京都),仍以长安为蓝本。

日本文化的魅力之一,就是大量移植并保留唐文化,许多在中国已经绝迹的传统,在日本却保留至今。有人戏言,如果想了解唐朝,不妨去奈良、京都看一看。

唐朝在世界上享有盛誉,后世外国称中国为"唐",称中国人为"唐人"。北宋朱彧《萍州可谈》说:"蛮夷呼中国为唐。"《明史·真腊传》说:"唐人者,诸番呼华人之称。"这种传统一直延续到近代。

七、盛唐气象

"忆昔开元全盛日"

705年,宰相张柬之等大臣利用武则天老病的机会,发动宫廷政变,迫使武则天退位,扶助她的儿子李显复位(唐中宗)。八十二岁的武则天就在这一年死去,她在遗嘱中公开宣称:"去帝号,称则天大圣皇后。"表示她本人仍是大唐的皇后。

武则天死后的八年中,政变不断。唐睿宗之子李隆基是一个很有政治才干的人,他利用禁军的不满情绪,发动军事政变,杀死皇后韦氏、安乐公主及武氏近亲,恢复睿宗李旦的帝位。睿宗无能,他的妹妹太平公主把持朝政。712年,太子李隆基合法继位,是为唐玄宗。次年,唐玄宗粉碎太平公主发动的政变,政局才趋于稳定。

二十八岁登上皇位的李隆基,善于骑射,精通音律,又擅长书法，是一位多才多艺的皇帝。他在开元年间（713—741年）励精图治，把唐朝的繁荣昌盛发展到了顶点。唐玄宗为了扭转先前的动荡政局，重建太平盛世，表现出卓越的政治眼光，任用的宰相，先后有姚崇、宋璟、张嘉贞、张说、李元纮、杜逻、韩休、张九龄等，堪称一时名流。这些人各有所长，都能直言极谏，富有革新精神。君臣同心协力，开元时期政治清明，经济繁荣，被后人誉为太平盛世。在史家看来，开元之治不过是对贞观之治的模仿。唐玄宗重用姚崇、宋璟，求谏纳谏，革除弊政，抑制奢靡，所取得的政绩，被当时人概括为八个字："贞观之风，一朝复振。"也就是说，再现了贞观时代的风气。

其最突出的标志是，恢复贞观时期宽仁的法治原则，把"行仁义"作为治理天下的第一要务，废止武则天时期的酷吏政治和严刑峻法，表彰执法平直的官员，禁止酷刑、滥刑。开元二十五年（737年）全国判处死刑仅五十九人，大理寺监狱里一片冷落景象。

在法制建设中最值得注意的，是唐玄宗下令编纂《唐六典》，这部中国现存最早的行政法典，历时十六年，于开元二十六年编成，彰显了开元盛世政治体制的完备化。

开元时期政治清明、社会稳定，导致经济迅猛发展，形成唐朝的黄金时代。杜甫如此唱道：

> 忆昔开元全盛日，小邑犹藏万家室。
> 稻米流脂粟米白，公私仓廪俱丰实。
> 九州道路无豺虎，远行不劳吉日出。

齐纨鲁缟丝班班,男耕女桑不相失。

这并非诗人的歌功颂德,而是实况的反映。全国在籍编户,贞观初期不满300万户,开元二十八年(740年)增至841万户、4 814万口;天宝十三年(754年)增至906.9万户、5 288万口。全国的耕地,从唐初的"土旷人稀"、"率土荒俭",到开元、天宝年间达到八亿亩左右,明朝鼎盛时期都没有突破这一记录。

古话说:"仓廪实,知荣辱。"开元、天宝时期中央政府直属的仓库储存粮食达1 245万石。不仅藏富于国,而且藏富于民,开元年间有人说:"人家粮储皆及数万。"可见民间藏粮极为丰富,反映了连年丰收带来的富庶景象,所以杜甫说:"公私仓廪俱丰实"。据杜佑《通典》记载,当时"天下无贵物",物价普遍低廉,长安、洛阳米价每斗不过20文,面粉每斗32文,青州、齐州谷子每斗5文。由于家给人足,富庶安康,商贾长途远行,不必佩戴防身兵器。

对外来文化的宽容

唐朝最为后人津津乐道的,莫过于它海纳百川、有容乃大的气概,宽容与接纳外来文化,孕育出灿烂辉煌的盛唐气象。毫无疑问,这是以充分的自信心为底蕴的,不怕被外来文化所同化,立足于我,为我所用。伊佩霞说:"与20世纪前中国历史上任何其他时代相比(除了20世纪),初唐和中唐时的中国人自信心最强,最愿意接受不同的新鲜事物。"

唐在继承传统文化的基础上,大量吸收外来文化,融合成全新的唐文化,最有典型意义的是乐舞与服饰。

唐太宗平定高昌,引进高昌乐。唐的十部乐中,燕乐、清商乐是传统的雅乐、古乐,其他如龟兹乐、天竺乐、西凉乐、高昌乐、安国乐、疏勒乐、康国乐、高丽乐,都是从边疆或域外引进的。开盛唐音乐风气先河的《秦王破阵乐》,描述李世民的赫赫战功,演奏时,"擂大鼓,杂以龟兹之乐,声震百里,动荡山岳",洋溢着一派豪迈激越的异域气氛。

唐玄宗是一个音乐皇帝,元稹、李白都推崇他"雅好度曲",是一个出色的业余作曲家,在"胡音唐化"方面贡献尤多。他不仅完成了佛曲的改编,而且发展为舞曲,使得"胡音"一跃而为唐舞,流芳百世的《霓裳羽衣曲》是他的代表作。他把印度佛曲——《婆罗门曲》改编成盛唐乐舞的杰作,由杨贵妃演绎为舞蹈,简直是无与伦比的天作之合。请看白居易《霓裳羽衣歌》的生动描绘:

> 飘然转旋回雪轻,嫣然纵送游龙惊。
> 小垂手后柳无力,斜曳裾时云欲生。

杨贵妃的侍女张云容,善于霓裳羽衣舞,贵妃赞赏备至,赠诗一首:

> 罗袖动香香不已,红蕖袅袅秋烟里。

> 轻云岭上乍摇风,嫩柳池边初拂水。

当时的达官贵人宴饮联欢,盛行来自西域的"胡舞",舞步轻快,旋律活泼,风靡一时。以迅速旋转而著称的"胡旋舞",在宫廷中大受欢迎。唐玄宗女儿寿安公主的生母曹野那姬,是西域粟特人进贡给皇帝的"胡旋女",因为擅长胡旋舞,仪态万方,而为唐玄宗喜爱。上有所好,下必仿效,杨贵妃与安禄山都喜欢胡旋舞。安禄山是个大胖子,体重三百多斤,腹垂过膝,跳起胡旋舞来,捷如旋风。白居易《胡旋女》写道:

> **天宝季年时欲变,臣妾人人学圆转。**
> **中有太真外禄山,二人最道能胡旋。**

宫廷里面的太真——杨贵妃,和边疆的安禄山两人,都是胡旋舞的高手。这种在后世看来非常怪诞的事,当时是时髦的风尚。

元稹诗曰:"女为胡妇学胡妆,伎进胡音务胡乐。"这反映了天宝年间长安、洛阳胡风盛行的状况。除了胡音胡乐,就是胡服胡妆了。从中亚传来的胡舞,舞女大多身穿"香衫窄袖裁"、"小头鞋履"与窄口裤,在时髦人士中风靡一时,故而诗人说:"小头鞋履窄衣裳",成为"天宝末年时世妆"。这种风气也席卷到宫廷内部,这与唐玄宗支持胡服唐化有很大关系。杨贵妃喜欢"披紫绡",她的姐姐虢国夫人也爱穿"罗帔衫",都是轻薄的袒肩露颈的装束,改变了妇女遮蔽全身的服装概念,使得中原服饰趋向开放,显露女性的自然美。可惜的是,这种风气到了宋朝,便戛然而止了。

南无阿弥陀佛

"南无阿弥陀佛"是佛门弟子最常用的关键词语,梵文的译音,意为崇拜无量寿佛——西方极乐世界的教主。然而,现在充斥于屏幕的影视剧,常常把这六个字的前三个读错。其实,"南无",应读作namo;"阿",应读作e或o。

佛教传入中国,大约在东汉初年。西晋末年,中原上层社会开始接受佛教,它的教义在世族豪门中广为流传。到了南北朝,佛教大放光芒,北方各地有佛寺三万多所、僧尼二百万人;南朝的梁武帝醉心于佛教,建康(南京)一地就有佛寺五百多所,僧尼十多万人。北方的佛教与经学相适应,重视戒行和禅定;南方的佛教与玄学相适应,重视义理。隋统一后,南北融通,教理与实践并重。到了唐朝,佛教进入了全盛时代,它的标志就是佛经的翻译,以及佛教宗派的形成。

佛经翻译的开拓者玄奘,贞观元年(627年)从长安出发,经凉州,越玉门关,抵达高昌,取道焉耆、龟兹,进入吐火罗,最后到达佛教发源地印度。他先后巡礼佛教六大圣地,在那烂陀寺拜戒贤为师,学习五年。以后遍访各地,讲习佛法。贞观十五年春,他携带657部佛经回国,四年后回到长安。唐太宗命宰相前往迎接,自己在长安接见他,随后下令调集高僧协助玄奘翻译佛经。玄奘一共翻译佛经74部、1 335卷。在译经的过程中,玄奘培养了一批弟子:圆测、窥基、慧立、玄应等。由于朝廷的重视,译经工作在此后将近两百年间,不曾间断,出现了义净、实叉难陀、菩提流志、金刚智、不空、般若三藏等翻译佛经的大师。

出于对佛经的精深领悟,玄奘创立了自己的宗派——唯识宗。他强调"万法唯识",世俗人眼中的外界事物,不过是心识动摇所显现的影像。由于他们从分析"法相"入手,又称为法相宗。人们也因为继承玄奘衣钵的弟子窥基常住长安慈恩寺,又称它为慈恩宗。这一宗派过分沉迷于深奥的教义,带有浓厚的原教旨主义色彩,曲高和寡,不易为一般人接受,很快就走向衰微。日本和尚入唐求法,把法相宗传入日本,流传至今。

佛教的宗派各有自己的理论体系、规范制度,以及势力范围、传法世系,并且都凭借一所大寺院作为传教中心。主要宗派有净土宗、天台宗、唯识宗、华严宗、禅宗,影响最大的是净土宗、禅宗。

净土宗的创始人善导宣称,不可能依靠个人力量解脱现世的苦难,必须依靠佛力的接引,才能脱离现世的秽土,往生西方净土,那是没有一切身心忧苦,只有无量清静喜乐的西方极乐世界。净土宗鼓吹最容易的成佛法门,也就是往生西方净土的捷径:口中念称南无阿弥陀佛,就能除去八十亿劫生死之罪,得到八十亿微妙功德。因此,在下层民众中间广为流传。

禅宗主要流传于上层士大夫之中,它的信徒文化程度很高,却并不埋头于佛经文本的苦读,而是讲究内心的领悟。它的实际创始人慧能（六祖）认为，一切万法（佛性）尽在芸芸众生自身心中，所谓佛，所谓净土，就是世人心性本来清净的状态；所谓地狱、烦恼，就是世人心性沉沦的状态。因此，不必修行、布施，也可以成佛。禅宗无论渐悟派还是顿悟派，都主张不必念经，不必坐禅，不必持斋拜佛，只要有决心，便可觉悟佛的真谛。历史学家范文澜说，禅宗僧徒所作语录，除去佛徒必须的门面语，思想与儒学少有区别，它对于后世的理学影响至深。

"渔阳鼙鼓动地来，惊破霓裳羽衣曲"

历史的转折往往令人费解，充满吊诡，唐玄宗在开元年间开创了一个盛世，却在天宝年间亲手把它毁掉，辉煌的唐朝从此由盛转衰。这位多才多艺的风流皇帝，知道"依贞观故事"——在贞观之治的轨道上滑行，却不知道"守成难"，没有"慎终如始"的忧患意识，出现了开元盛世，就忘乎所以，在一片"万岁"声中，忙于封禅泰山，忙于奢侈的"千秋节"（自己的生日庆典）。身边的宰辅大臣投其所好，阿谀奉承，推动他向骄纵昏庸的路上走去。

这个宰辅大臣就是奸相李林甫。朝中大臣都看出此人外表"巧言似忠"，其实"口蜜腹剑"。唐玄宗却对他深信不疑，提拔他为宰相，登上中书令要职，专擅朝政达十六七年之久。李林甫的升官诀窍，就是一切顺从皇帝旨意，让他放心纵欲，他巧妙地利用了唐玄宗对绝代佳人杨玉环的痴迷。

杨玉环原本是唐玄宗儿子寿王李瑁的妃子,芳龄十六岁的美少女,竟然让她的公公堕入情网。开元二十八年(740年),五十六岁的唐玄宗和二十二岁的杨玉环在骊山温泉幽会,从此一发而不可收。唐玄宗为了跨越公公与儿媳的伦理难关,别出心裁地命寿王妃杨玉环出家当道士,道号太真。第二年就把她册封为自己的妃子——太真妃,到了他六十一岁生日那一天,公开把二十七岁的杨玉环册封为贵妃。

从白居易《长恨歌》可以看到,李、杨之间并非政治婚姻,确有真正的情爱,二人有共同的音乐歌舞素养,情趣相投,可谓天作之合。无怪乎白居易唱道:"承欢侍宴无闲暇,春从春游夜转夜。后宫佳丽三千人,三千宠爱在一身。"唐玄宗已经无心日理万机,"春宵苦短日高起,从此君王不早朝"。

杨贵妃并没有干预朝政,但剑南人杨钊利用裙带关系,冒充她的远房堂兄,博得唐玄宗的赏识,赐名"国忠",继任死去的李林甫留下的宰相空缺。这个政治暴发户一步登天,飞扬跋扈,忘乎所以。如果说,李林甫是"养成天下之乱",那么杨国忠就是"终成其乱",导致"海内分裂,不可复合"的后果。

当然根本的责任在唐玄宗身上,他不仅把朝政交给李林甫、杨国忠之流,而且宠信边镇番将安禄山,终于引起天下大乱。混血胡人安禄山,身兼平卢、范阳、河东三镇节度使,此人高大肥胖,是一个"外若痴直,内实狡黠"的野心家,却博得了唐玄宗的宠信。

此人的功夫实在了得。唐玄宗见他腹垂过膝,戏问道:你这个胡人,肚子里有什么东西,大到如此程度?安禄山立即应声答道：没有多余的东西，只有赤胆忠心。唐玄宗听了十分舒坦。为了获得皇帝的欢心，安禄山在杨贵妃身上下工夫，四十五岁的他，竟然成为二十九岁的杨贵妃的干儿子。她兴高采烈，用特大的襁褓包裹安禄山，让宫女用彩轿抬着，举行了仪式，皇帝还煞有介事地赏赐了"洗儿钱"，搞得像真的"喜得贵子"一样。

统辖二十万精兵的安禄山已经在密谋反叛，唐玄宗依然对他深信不疑，派人带去亲笔信，邀请他十月间到华清宫洗温泉浴。好昏庸的快活天子，大祸临头还浑然不觉。

天宝十四载（755年）十一月初九，安禄山在蓟城（今北京西南）发动叛乱，打出的幌子是"奉密诏讨杨国忠"，玩弄的不过是"清君侧"的老把戏。叛军如同秋风扫落叶一般，直奔洛阳、长安而来。白居易《长恨歌》写道："渔阳鼙鼓动地来，惊破霓裳羽衣曲。"紧急战报打破了李隆基和杨贵妃的歌舞升平。仅仅三十四天，安禄山就拿下了洛阳，并且在那里称帝，国号大燕，把天宝十五载改为圣武元年，一派改朝换代的架势。接下来，潼关陷落，长安失去屏障，唐玄宗仓皇逃离长安。

皇帝的警卫部队在马嵬驿发动兵变，杀死奸相杨国忠，迫使皇帝命令太监高力士缢死杨贵妃。当时唐玄宗七十二岁，杨贵妃才三十八岁。绝代佳人香消玉殒，成为政治祭坛上的一种牺牲。民间传说，缢死的是杨贵妃的侍女，她本人则逃亡日本。这反映了人们对绝代佳人的美好遐想。

长达七年零三个月的安史之乱最终被平息，但是，唐朝元气大伤，从此一蹶不振。

七、盛唐气象

八、繁荣和创造的黄金时代

"杯酒释兵权"与文官体制

日本学者所提出的"唐宋变革论",现在已为国内外史家所认同。确实,宋朝是中国历史的一个转折时期,经济与科技迅猛发展,官僚政治完全取代了贵族政治。宋太祖赵匡胤为了革除晚唐以来藩镇割据的弊端,确立以文官体制为核心的官僚政治,削夺地方权力,把军权、财权、政权集中到中央。

首要的问题当然是军权。唐末的藩镇,有了兵权就兴旺,丢了兵权就消亡;五代的军阀,兵强马壮就做皇帝。赵匡胤也是如此,掌握禁军大权,发动兵变,夺取帝位。

五代的周世宗柴荣死后,年仅七岁的儿子柴宗训继位,归德军节度使兼禁军首领赵匡胤,在开封北面二十里的陈桥驿发动兵变。赵匡胤的弟弟赵匡义(后改名为光义)和归德军掌书记赵普,授意将士把黄袍披在赵匡胤身上,拥立他当皇帝。赵匡胤登上皇帝宝座,心里并不踏实,害怕部将再来一次"黄袍加身",夺取他的帝位,又不想效法刘邦大杀功臣,便用高官厚禄作为交换条件,剥夺开国元勋的兵权。

某一天,赵匡胤宴请石守信等开国元勋。酒过三巡,赵匡胤说:我没有你们就没有今天,但是贵为天子,还不如当节度使快乐,晚上都不能安枕而眠。

石守信等十分不解,顿首说:如今天命已定,谁还敢有贰心?陛下为何有这种感受?

赵匡胤说:哪一个人不想富贵?一旦有人把黄袍加到你的身上,你难道不想要吗?

石守信等说:臣愚昧,想不到这一点,希望陛下怜悯。

赵匡胤乘机劝诫道:人生如同白驹过隙,十分短暂,不如多积累财产留给子孙,在歌舞升平中颐养天年。这样,君臣之间没有猜忌嫌疑,岂不完美!

石守信等终于明白了皇帝意图,说道:陛下考虑得这么周到,所谓生死肉骨,大概就是这个意思了。

第二天,石守信等大将都向皇帝请病假,乞求皇帝解除兵权。赵匡胤大喜过望,立即赏赐这些开国元勋荣誉官衔与优厚待遇,建造豪华府第,让他们去享清福。这就是皆大欢喜的"杯酒释兵权"。

紧接着,他着手改造禁军,降低禁军统帅地位、职权,疏远禁军将领与士兵的关系,不使军队成为将领的私家武装,把军权集中于中央,听命于皇帝。

与"收精兵"同时进行的是"制钱谷",即集中财权。针对晚唐以来藩镇大量截留地方税收,有经济实力对抗中央的弊端,宋太祖把各地税收机关收归中央掌握,地方税收只留少部分,大部分上缴国库。

军权、财权集中,必须由政权集中予以保障,其最重要的措施就是分割宰相的权力:

——以"同中书门下平章事"为宰相,"参知政事"为副宰相;

——以枢密院(首长为枢密使)分割宰相的军权,宰相的政事堂与枢密使的枢密院,号称"二府",互相钳制。

——以"三司"(盐铁、度支、户部合称三司)分割宰相的财权,号称"计相"。

宰相主政,枢密院主军,三司主财,三权分离,权力互相制衡。这种文官体制并不完备,存在不少弊端(如事权分散、机构重叠、效率低下),但是,相对于前朝的贵族政治,却是一大进步,有它的合理性。以后的庆历新政、熙宁变法,力图消除它的弊端,结果却适得其反,实在令人费解。

名副其实的商业革命

在史家笔下,宋朝经常遭受非议,评价不高。比如说,积贫积弱的问题始终未能解决,在与骑马民族契丹、女真、蒙古的较量中,始终处于下风。

历史是多侧面的,假如换一个视角,人们可以看到,宋朝其实是一个"创造和繁荣的黄金时代"。这是美国学者墨菲在《亚洲史》中论述的观点。它的主要标志有两个,一是发生了名副其实的商业革命,二是达到巅峰状态的科技成就。其实,几十年前,王国维就曾经说过,宋朝的科学与文化,是之前的汉唐、之后的元明望尘莫及的。陈寅恪也说,中华民族的文化,经过几千年的演进,到宋朝登峰造极。

说起商业革命,人们或许会想到近代或前近代,宋朝有商业革命吗?

美国汉学宗师费正清和前美国驻日大使赖肖尔合写的《中国:传统与变革》一书指出:宋代经济的大发展,特别是商业方面的发展,或许可以恰当地称之为中国的"商业革命"。这一迅速发展使中国的经济发展水平显然高于以前,并产生出直至19世纪在许多方面保持不变的经济和社会模式。

斯塔夫里阿诺斯的《全球通史》,被奉为同类教材中的经典,它在"宋朝的黄金时代"的标题下写道:除了文化上的成就,宋朝时期值得注意的是,发生了一场名副其实的商业革命,对整个欧亚大陆有重大意义。

所谓名副其实,是说它有充足的历史事实依据。

把北宋的首都东京开封与唐朝首都长安稍加比较,就可以发现都城结构的与时俱进。最突出的一点是,不再有坊、市之间的严格区分。长安严谨方正的格局,作为居民区的"坊",在封闭的围墙之内,除了东西南北四个坊门,一般住家不许沿街开门。商业区被限制在各占两坊之地的东市、西市之内,与居民区截然分开。由于坊门、市门都定时开关,在东市、西市内不可能有通宵达旦的夜市。根据文献记载,东市、西市的商业活动,中午以二百下鼓声宣告开张,日落前以三百下钟声宣告结束。坊、市的封闭格局,和国际大都市的身份极不相称。

这种状况在东京是不存在的。从五代到宋初,随着东京的逐渐兴盛,不再有坊和市的区分,沿街民居可以任意当街开门;商业活动也从封闭的区域中解放出来,扩散到了大街小巷的沿线,形成了近世都市的商业街。于是出现了前所未有的商业新景观,商业活动不再有时间限制,开封城内十字大街有"鬼市"——五更点灯营业至天明;马行街至新封丘门大街,夜市营业到三更,五更时分早市重新开张;至于娱乐场所——瓦子,营业"通宵不绝"。

东京开封的格局充满商业气息,四条御街以及其他街道,把商业区与居民区打成一片。许多交通便利的街巷,都有繁华的"街市",其中东西南北四条御街最为热闹,行市、酒楼、茶坊、食店、瓦子等构成多个商业中心,摩肩接踵,昼夜喧闹。北面御街的街市甚是繁华,与它连接的潘楼街、土市子都是有名的商业街。南面的界身巷,有金银彩帛交易所,文献对它有这样的描述:"屋宇雄壮,门面广阔,望之森然。每一交易,动即千万,骇人闻见。"

张择端画于1126年的《清明上河图》,形象地再现了东京鼎盛时期的商业繁荣景象。画卷由汴河东水门外虹桥一带起始,逐步向西展现:跨越汴河的市桥及周围的街市,城门口的街市,十字街头的街市,城门内一座三层建筑——孙家正店,门前有彩楼欢门,富丽堂皇,是东京著名的酒楼。东京号称

"正店"的大型酒楼,有72家之多,它们兼具商品交易功能,是同业商人看验商品质量、商定价格、签订契约的场所。画面上随处可见商店的招牌、幌子,如"王家罗锦匹帛铺"、"刘家上色沉檀栋香"、"刘三叔精装字画"等,显露出市场竞争中广告意识的萌芽。

东京城内以经商为业的有两万多家,其中640家资本雄厚的商户,分属160行,经营米、茶、盐等商品贸易。东京倚汴河建城,北通黄河,南通淮河、长江,因此东京市场上充斥海内外的各种商品。东京浓厚的商业气息,集中体现了北宋商业已经发展到一个新的历史阶段。黄仁宇《中国大历史》说,当时全国商品交换的价值合计相当于1 500万~1 800万盎司黄金,折成现在的价值,约合60亿~70亿美元。如此庞大的财货流通在当时世界上是绝无仅有的。

在这种背景下,货币发生了突破性变革,出现了世界上最早的纸币。当时通行的铜钱、铁钱不能适应长途贩运贸易,以及巨额批发贸易,市场呼唤新型的轻便货币。宋真宗初年,益州(今四川成都)16家富商联手发行纸质钱券——"交子",它是一种建立在商业信用基础上的纸币。宋仁宗时代,中央政府把民间发行的"交子",变成国家发行的纸币,在益州设立"交子务",负责印刷、发行事宜,使得这种纸币有了固定面额、流通期限、准备资金以及兑现保障。后来中央政府又在东京设立交子务,负责向全国各地发行纸币。交子之外,还有称为"会子"的纸币。会子原先叫做"便钱会子",所谓"便钱"带有汇兑的意思,"便钱会子"是一种相当于汇票、支票之类的纸质票据,大约在12世纪中叶,发展成为兼有流通职能的货币。

巅峰状态的科学技术成就

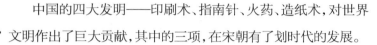

中国的四大发明——印刷术、指南针、火药、造纸术,对世界文明作出了巨大贡献,其中的三项,在宋朝有了划时代的发展。

第一项是由雕版印刷发展到活字印刷。雕版印刷是每一页都需要雕刻一块印版,印刷字数多篇幅大的书籍,工程浩大,费时费力。宋仁宗庆历年间(1041—1048年),平民毕昇发明活字印刷术:用胶泥制作一个一个字印,然后排版,刷墨印书。印完一页,胶泥活字还可以再次排版使用。由于泥活字容易磨损,后来代之以木活字、铜活字,毕昇的发明思路——制字、排版、印刷三道工序,成为后世活字印刷术的先声,意义不可估量。法国学者布罗代尔在他的著作中说:毕昇于1040年至1050年发明了活字印刷术,使印刷术面目一新。14世纪初,使用木活字已经流行,甚至传到了土耳其斯坦。15世纪前半期金属活字在中国和朝鲜均有改进,并在美茵茨人谷登堡发明活字印刷术(15世纪中叶)之前半个世纪得到广泛的传播。

第二项是指南针的广泛使用。北宋庆历年间成书的《武经总要》记载,使用指南车和指南鱼辨别阴天或夜间行军方向。后来又发展成磁针和方位盘的一体化装置——罗经盘。成书于北宋后期的《萍洲可谈》,记载了当时海船上使用指南针的情况:"舟师识地理,夜则观星,昼则观日,阴晦观指南针。"由此可见，当时已经把指南针（水罗盘）用于航海。南宋时，阿拉伯商人经常搭乘中国海船，学会了使用指南针，并把它传入欧洲。

第三项是火药用于战争。北宋初年，火药广泛使用于战争。征讨南唐时用过火炮、火箭，以后又有火球、火蒺藜（装有带刺铁片的火药包）。《武经总要》记录了火药的三种配方，可见当时火药生产已经达到相当规模；并且出现了用抛石机投掷炮弹的"铁火炮"，用毛竹制成的"突火枪"——世界上最早的管型火器。1230年，波斯人把这些技术传入阿拉伯，以后又从穆斯林统治下的西班牙传到欧洲，对欧洲产生了深远的影响。

关于这一点，近代"科学方法论之父"——培根（Francis Bacon）给予高度评价：印刷术、火药、指南针这三种发明，都曾改变了世界的全部面貌和状态。世界上没有一个帝国，没有一个教派，没有一个星宿，比这三种发明对于人类发生过更大的力量与影响了。

11世纪末，苏颂和韩公廉等人创造了世界上第一台天文钟——水运仪象台。它高12米，上层安放浑仪，中层安放浑象，下层安放传动机械。它的报时装置，能够准时报告一天十二时辰一百刻，一夜五更二十五筹。报时运用的擒纵原理，与近代钟表构造极为近似。令人叹为观止的是，它的动力来源于水的冲击，通过擒纵器使得仪象台有节奏地转动，把报时、观象、测天的功能同时显现出来，可以按时、刻、辰、更自动打鼓、摇铃、击钟、鸣锣。这座天文钟设在11世纪末的开封，是当时世界上首屈一指的杰作。五百年以后，1598年耶稣会士利玛窦把西洋自鸣钟献给万历皇帝时，被国人视为新发明，殊不知自己的祖先早已发明了比它复杂得多的天文钟!

当时科学技术达到的高水准,集中反映在沈括《梦溪笔谈》中。毕生致力于中国科技史研究的李约瑟(Joseph Needham)认为,沈括"或许是全部中国科学史上最有趣味的人物",他的代表作《梦溪笔谈》是"中国科学史上的一个里程碑"。

沈括(1031—1095年),字存中,浙江钱塘(今杭州)人,曾任延州(今陕西延安)知州,晚年移居润州(今江苏镇江)梦溪园,撰写《梦溪笔谈》。该书涉猎天文、地理、物理、化学、生物、数学、医学等学科知识,当时的许多科技发明,如活字印刷术、指南针的应用等,都借助他的著作记载,得以流传至今。他提出了十二气历的编制方法(以立春为元旦,按节气定月份,大月31天,小月30天,大小月相间),虽然没有实行,但在历法史上无疑是一项卓越成就。他对1064年陨星的观测,留下了翔实的记录,并且首次提出了陨星是陨铁的创见。他最早使用"石油"这一名称,意识到它的用途和价值,预言"此物后必大行于世"。为了纪念这位举世闻名的科学家,1979年7月1日,中国科学院紫金山天文台把1964年发现的一颗小行星命名为"沈括"。

李约瑟的《中国科学技术史》指出,中国科学技术发展到宋朝,已呈巅峰状态,在许多方面实际已经超过了18世纪中叶工业革命前的英国或欧洲的水平。这位世界级学者的论断是客观公正的,令人信服的。

九、"直把杭州作汴州"

"元祐党籍碑"的由来

1045年,试图裁减冗员的"庆历新政"失败,范仲淹等人罢官。十三年之后,应召入朝的王安石向皇帝上万言书,要求变革祖宗法度。仁宗和他的继承者英宗都不予理睬,直到年轻的神宗即位,才接受王安石的变法主张。

熙宁二年(1069年),神宗皇帝任命王安石为参知政事(副相),放手让他变法,首先推出均输法和青苗法。熙宁三年,王安石升任同中书门下平章事(宰相),变法达到高潮,先后推出免役法、市易法、方田均税法等。熙宁新法大多集中于财政经济领域,牵涉到财产与权力的再分配,阻力很大,王安石举步维艰,熙宁七年罢相,次年复相,九年再度罢相,退居江宁,直到病死。元丰八年(1085年)神宗死,哲宗即位,改年号为元祐,废除新法,史称"元祐更化"。

"元祐更化"的关键人物宰相司马光,联手吕公著、文彦博等元老大臣,提出"以复祖宗法度为先务",批评王安石新法是"舍是取非,兴害除利,名为爱民,其实病民,名为益国,其实伤国"。看起来司马光与王安石针锋相对,其实主要是运用什么手段摆脱弊政的分歧。王安石说,他与司马光"相好之日久,而议事每不合",是因为"所操之术多异"。司马光也说,他与王安石"趣向虽异,大归则同",他们的大方向是一致的。

但是,关于要不要变法的争议,一直纷纷攘攘。2004年,有人写了一本《王安石变法研究史》,洋洋几十万言,大意是说,几百年来,对王安石变法众说纷纭,迄今无法定论。有人为变法的失败而大为惋惜,感叹寻觅,究竟哪些细节出了差错?

其实,问题不在于细节,而在于指导思想。

王安石是一位经学家,写过一本《三经新义》,对《周礼》特别推崇——"一部《周礼》理财居其半"。他把《周礼》作为变法的理论根据,用向后看的儒家理论指导向前看的改革,使自己陷入自相矛盾的境地,失败是必然的。日本学者内藤湖南说得好:《周礼》中的政治,是根据当时的理想而制定的。应用《周礼》第一个失败者是王莽,第二个失败者是王安石。可谓一针见血之论。

王安石死后,新法与旧法两派的斗争演化为朋党之争,意气用事,毫无是非可言,这种纠葛一直延续到北宋灭亡。

宋徽宗赵佶亲政后,打出恢复熙宁新法的旗号,重用蔡京。蔡京以推行新法为幌子,大搞派系倾轧,打击异己势力。此人

1. 司马光像
2. 宋代摩崖石刻"元祐党籍碑"（位于今广西桂林市东七星山瑶光峰下的龙隐岩）

早年追随王安石变法,"元祐更化"时摇身一变,反对新法;绍圣时,章惇恢复新法,他转而依附章惇。一旦大权在握,蔡京又以变法派面貌出现,追究"元祐更化"的主要当事人,达到打击政敌之目的,把文彦博、吕公著、司马光、苏辙、程颐等120人扣上"元祐奸党"的帽子,再加上主张恢复旧法的其他官员,共计309人。宋徽宗亲笔书写了这份名单,刻石立碑,称为"元祐党籍碑",显然是以皇帝钦定的形式,进行政治迫害。这种折腾,已经与新法、旧法之争毫无关系,却是北宋灭亡的一个重要内因。由此,我们不难理解当时人的一些议论,比如北宋末年一位学者型官僚杨时,把王安石和蔡京并列为蠹国害民的奸臣。更有人认为,是变法——变更祖宗法度,导致了北宋的灭亡。这显然是痛心疾首的偏激观点。

从"靖康耻"到"绍兴和议"

1125年,金灭辽后,立即掉转矛头,直逼宋朝。宣和七年(1125年),金军两路南下,围攻东京开封。

宋徽宗赵佶其人,擅长"瘦金书"及工笔花鸟画,他的书画作品如果放在当今拍卖市场上,价格肯定是天文数字,赵佶本人因此也闻名遐迩。然而,此公当皇帝是极不称职的,让蔡京之流把持朝政,自己沉迷于道教,自称"教主道君皇帝"。他听到金军南下的消息后,不肯承担抵抗的重任,干脆卸肩胛,匆忙让位给太子赵桓(即宋钦宗)。

钦宗即位,改年号为靖康,尊徽宗为太上皇。太学生陈东等上书,弹劾蔡京、王黼、童贯、梁师成、李彦、朱勔六名奸贼,"异名同罪",应该处以死刑,"传首四方,以谢天下"。风雨飘摇之中的钦宗不得不下达圣旨:王、童、朱三人斩首,李、梁赐自缢,蔡京流放岭南。

仓促即位的钦宗,毫无政治经验,不知如何收拾这副烂摊子。大敌当前,他束手无策,只得派遣使节前往金营求和,答应赔款割地的条件。靖康元年(1126年)八月,金军再次南下,朝廷中的主和派不仅主张割地,而且主张遣返各地前来保卫东京的军队,拆除外围防御工事,以妥协退让乞求太平。然而事与愿违,金军乘虚而入,一举攻陷京城,钦宗亲自前往金营求和,投降文书上写着:"微臣捐躯而听命。"

靖康二年四月初一,金军押解着金银财宝和朝廷的宝玺、舆服、礼器,以及大批俘虏,其中包括徽、钦二帝,和后妃、皇子,一起北上。东京这座帝都成为一个空壳,大宋王朝竟然以这样一种形式走向了覆灭,简直是奇耻大辱,所以人们称之为"靖康耻"。

金军北撤时,皇室成员全部被俘,徽宗第九子康王赵构正在河北部署军事,侥幸漏网。他在南京应天府(今河南商丘)被旧臣拥戴为帝(宋高宗),改元建炎,建炎元年(1127年)以后的宋朝,史称南宋。

宋高宗对金军极度恐慌,放弃应天府,逃往扬州,金军直逼扬州。高宗仓皇渡江,逃往杭州。金军紧紧追赶,高宗不停地逃亡,从越州(今绍兴)、明州(今宁波)直奔定海、温州。直到金军退回长江以北，以高宗为首的南宋朝廷才在杭州苟安下来。他一年之内几次向金朝上书，乞求哀怜，国书上低声下气地写道："愿削去旧号，是天地之间皆大金之国，而尊无二主，亦何必劳师远涉而后快哉！"

绍兴元年（1131年），吴玠所部在大散关附近的和尚原重创金军，悍将完颜宗弼（即兀术）身中两箭。绍兴四年，吴玠在仙人关再次大败完颜宗弼。与此同时，岳飞率部连克郢州、随州、襄阳、邓州、唐州、信阳，屯兵鄂州。宋军在甘肃、陕西、河南、湖北一带连战皆捷，可以说是南宋建立以来罕见的大规模收复失地。

令人不解的是，最高统治者宋高宗并不欢欣鼓舞，却千方百计地掣肘将领们的北伐。绍兴七年，他重新起用秦桧，先是让他担任主管军事的枢密使，次年又提升他为宰相，由他出面与金朝和谈。金朝使节抵达杭州，要宋朝取消国号、帝号，沦为金朝藩属，方可允许迎请已故徽宗尸体。秦桧代表皇帝，在金朝使节面前跪拜，全盘接受各项条件。

绍兴十年夏，完颜宗弼大举南侵。岳飞不顾秦桧阻挠，率军北上，迎击金军，连战连捷。完颜宗弼大败而逃，胆战心惊地说：自我起兵北方以来，没有像今日这样挫败过。"撼山易，撼岳家军难"——金军闻风丧胆。

就在这个关键时刻，宋高宗突然下令要岳飞班师回朝，并且撤回了两翼的军队，使岳家军陷于困境。慑于皇帝圣旨的压力，岳飞只得班师回朝，眼看着"十年之功废于一旦"。随后，宋高宗解除了岳飞、韩世忠、张俊的兵权，向金朝献媚。金方乘

1. 《芙蓉锦鸡图》，宋徽宗赵佶绘。现藏于北京故宫博物院，是我国经典传世名画之一
2. 宋高宗赵构像
3. 浙江杭州岳王庙的岳飞塑像

机要挟,必须割让淮河以北大片土地,处死岳飞,方可谈判。宋朝皇帝向金朝皇帝称臣,并且割地、赔款的"绍兴和议",就是在这种背景下出笼的。

在议和过程中,陷害岳飞的阴谋悄然展开。秦桧指使岳飞的部下王俊,诬告岳飞部将张宪、儿子岳云谋反,张宪、岳云被捕入狱。然后又把岳飞从庐山骗到杭州,以谋反罪关入监狱。

绍兴十一年十二月二十九日(1142年1月27日),在没有任何证据的情况下,岳飞、岳云、张宪被以谋反罪处死。处死前,已经罢官的韩世忠质问秦桧,秦桧的回答十分武断,只有短短六个字:"其事体莫须有。"韩世忠怫然作色说:"相公,'莫须有'三字何以服天下!"长期以来,在人们的印象中,岳飞是被秦桧陷害致死的。

其实,真相并非如此。陷害岳飞的阴谋,在前台布置的是秦桧,幕后操纵的是宋高宗。岳飞蒙冤入狱,主审官——御史中丞何铸听了岳飞的辩白,天良发现,向秦桧力辩岳飞无罪。秦桧向他透露了至关紧要的秘密:"此上意也"——处死岳飞是皇帝的意思。代替何铸出任主审官的万俟卨,刑讯逼供,无所不用其极,岳飞宁死不屈,拒绝自诬。万俟卨通过秦桧向皇帝请示,得到的圣旨是:"岳飞特赐死。"岳飞一生以"尽忠报国"为座右铭,想不到,要置他于死地的正是他为之"尽忠"的皇帝。

什么道理?请看明朝人文徵明的《满江红》词:

但徽钦既返,此身何属?

千载休谈南渡错,

当时自怕中原复。

笑区区一桧亦何能?

逢其欲。

文徵明看历史的眼光可谓入木三分,一眼看穿宋高宗的私心:"当时自怕中原复"——最怕岳飞北伐成功,迫使金朝让步,释放钦宗;一旦钦宗南返,他自己的帝位就难保了。因此岳飞越是捷报频传,他离死期就越近。秦桧的所作所为,正中下怀而已,"笑区区一桧亦何能?逢其欲",此之谓也。

杭州——世界之冠的大都市

江南经济的发展是一个漫长的过程。北宋时,"国家根本,仰给东南",已成定局。到了南宋,这种格局进一步发展,经济重心南移最终完成。它的一个重要标志,就是"苏湖熟,天下足"——以苏州、湖州为中心的长江三角洲成为全国的粮仓。

"苏湖熟,天下足"这个谚语,范成大《吴郡志》、陆游《渭南文集》都有记载,而以高斯得《耻堂存稿》说得最为透彻:"上田一亩,收五六石,故谚曰:'苏湖熟,天下足'。虽其田之膏腴,亦由人力之尽也。"显然得力于人口增加,集约化程度的提高。

由于北方沦陷,对外交往必须通过海路,泉州、广州、明州(今宁波)迅猛发展,成为三大外贸港口。政府在这里设立主管外贸的机构——市舶司。市舶司的税收达到二百万贯，超过北宋最高额一倍，约占政府财政收入的二十分之一。南宋对外贸易的繁盛超过了北宋，形成了通向日本、高丽、东南亚、印度、波斯、阿拉伯的海上丝绸之路。这不仅因为中国丝绸是外国争购的首选商品，而且政府为了防止钱币外流，命令用绢帛、锦绮、瓷器等交换外国舶来品，丝绸实际上成为交易外国商品的一般等价物（货币）。

根据文献记载，当时来南宋通商的国家有五十多个，南宋商人去海外贸易的国家有二十多个。海上丝绸之路的兴旺发达，使得偏安于半壁江山的南宋依然与世界各国保持着密切的经济文化交流，并且在这种交流中保留举足轻重的地位。

南宋的首都临安——杭州，是当时位居世界之冠的大都市，西方学者把它看作9—13世纪发生在中国的商业革命、都市革命的一个标志。日本学者斯波义信的《宋代江南经济史研究》，推定南宋的杭州城有人口150万，其中城内90万，城外60万。具体为：城内有皇族、官户、吏户、僧道户、军户、绅衿、工商业经营者等74万人，工商业及杂业劳动者16万；城外有军户、农户、官户、吏户、僧道户48万人，以及职业人口（包括工匠、商业与运输业劳动者、蔬菜专业农户）12万人。

杭州作为首都，不可避免地带有强烈的政治色彩，但是与众不同的是，浓厚的商业色彩使得政治色彩暗淡无光。这从它的城市结构便可看出。它没有一般首都皇城坐北朝南的架势，堂堂皇宫僻处城市最南端的凤凰山东麓。从皇宫的北门——和宁门往北，有一条通向市区的御街，南北向的御街与东西向的荐桥街、三桥街相交,与后市街平行,东面又有贯穿全城的市河(小河)、盐桥运河(大河)。因此,御街毫无疑问成为全城最繁华的商业街,它两侧的街面全是商店以及称为"行"、"市"的商业机构。正如《梦粱录》所说:"自大街及诸坊巷,大小铺席,连门俱是,即无空虚之屋";"万物所聚,诸行百市,自和宁门杈子外至观桥下,无一家不买卖者"。

御街中段——从朝天门到寿安坊(俗称官巷),是商业闹市。《都城纪胜》描写道:"以至朝天门、清河坊、中瓦前、官巷口、棚心、众安桥,食物店铺,人烟浩攘。其夜市,除大内前外,诸处亦然……买卖关扑,酒楼歌馆,直至四鼓后方静。而五鼓朝马将动,其有趁卖早市者,复起开张。"商业活动通宵达旦,昼夜不绝。

拥有150万人口的都城杭州,服务性行业空前繁荣,酒楼、茶坊、瓦子鳞次栉比,林林总总。

酒楼大多数是私营的,如武林园、嘉庆楼、聚景楼、花月楼、双凤楼、赏心楼、月新楼等。大酒楼门前有彩绘欢门、红绿杈子,还有绯绿帘幕、描金红纱灯笼。夜市尤为热闹,灯火辉煌,人声鼎沸。

茶坊充满雅气,四壁张挂字画,安设花架。供应的香茗四季不同,冬天有七宝擂茶、葱茶、盐豉汤;夏天有雪泡梅花酒、缩啤饮、暑药冰水。这里不仅可饮茶品茗,而且是社会交际的公共场所。另有一种"花茶坊",带有歌馆(妓馆)性质,周密《武林旧事》说,这些花茶坊"莫不靓妆迎门,争妍卖笑,朝歌暮弦"。

瓦子,又叫做瓦肆、瓦舍,是娱乐场所。杭州城内外有瓦子二十三处,城内有五处,其中北瓦最大,有勾栏(百戏演出场

九、「直把杭州作汴州」

所)十三座,分别演出戏剧、相扑、傀儡戏(有杖头傀儡、悬丝傀儡、水鬼傀儡等)、说唱、说浑话、学乡谈、皮影戏、棍棒、教飞禽等,昼夜不息,为这个皇帝的"行在"——临时安定之所,营造歌舞升平的气氛,暂时忘却曾经亡国的怨恨。

杭城西南的西湖风景区,迷人的湖光山色,使它博得了人间天堂的美誉,繁华程度超过了昔日东京开封。林升《题临安邸》写道:

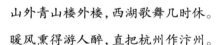

山外青山楼外楼,西湖歌舞几时休。

暖风熏得游人醉,直把杭州作汴州。

诗人的愤激与讥刺令人敬仰,但是,他遮蔽了这样一个事实:南宋的"偏安"延续了一百五十多年,造就了另一种辉煌,绝非醉生梦死可以解释的。马可·波罗13世纪末来到杭州,其辉煌时代已经过去很久,却依然为它的宏大与富庶所折服,惊叹道:他的故乡——堪称欧洲城市之冠的威尼斯,在杭州的映衬下相形见绌,"不过是一个破旧的村庄"。人们是不是要对南宋刮目相看了呢?

十、蒙元帝国的威名

成吉思汗和他的子孙

1206年，铁木真在斡难河源头召开最高部族会议，竖起九旒白旗，登上蒙古大汗的宝座，被尊为成吉思汗。经过十多年的征战，成吉思汗终于建立起一个草原帝国。它的国号蒙古语叫做"也客忙豁勒兀鲁思"，意即"大蒙古国"。

成吉思汗是骁勇善战的军事天才，他把整个蒙古社会全盘军事化，开始了世界历史上最令人震惊的一系列征服战争。

1209年大举入侵位于它南面的西夏，水淹首都中兴府（今宁夏银川），迫使西夏求和。

1211年进攻盘踞华北的金国，金军主力被歼灭，不得不送公主与童男童女，以及马匹、金银、绸缎，乞求和平。此后金国的领土大大缩小，黄河以北之地几乎全为蒙古所有。

灭金指日可待，形势却发生富有戏剧性的变化，成吉思汗突然把矛头转向西方，派偏师去对付金国，自己率领主力西征，在灭亡了西辽后，把矛头直指中亚的花剌子模国。

成吉思汗指挥下的蒙古军队，横扫中亚、西亚、波斯、印度，于1224年启程东归。

回到漠北的成吉思汗决定一举灭亡西夏，然而战争进行得异常艰苦，尤其是围攻灵州之战，酷烈的程度为蒙古征战史中所罕见。西夏的末代统治者李晛在中兴府被蒙古军队围困半年之久，才投降献城，不仅李晛被杀，全城军民都遭到屠杀。西夏国在历史上存在了一百九十年，至此宣告灭亡。蒙古灭亡西夏，把西夏城市化为一片废墟，使得辉煌一时的西夏文明在西北大地上消失得无影无踪。

在西夏献城的前夕，成吉思汗病死于六盘山军营，结束了他威风凛凛的一生。他的第三个儿子窝阔台继承大汗，向金国发起致命的一击。金国灭亡后，南宋形势岌岌可危。窝阔台和他的父亲一样，醉心于西征，暂缓对南宋的进攻。

窝阔台汗任命拔都（成吉思汗长子术赤之子）为西征统帅，远征斡罗思（俄罗斯）、孛烈儿（波兰）、马扎儿（匈牙利），以及这一带所有未臣服的国家。蒙古铁骑摧枯拉朽般横扫这一地区，在斡罗思境内建立了钦察汗国（或称金帐汗国），把伏尔加河畔的萨莱城（今阿斯特拉罕附近）作为国都。

蒙古第四代大汗蒙哥即位后，任命弟弟旭烈兀为统帅，发动第三次西征，矛头直指阿拉伯帝国阿拔斯王朝的首都报达（巴格达）。蒙古军队用猛烈的炮火攻下了这个阿拉伯世界的都城，然后兵分三路侵入叙利亚。蒙哥死后继任大汗的忽必烈传来旨意，命旭烈兀在阿姆河以西的波斯地面上建立伊利汗国，以蔑剌合（今阿塞拜疆的马腊格）为国都。

钦察汗国、伊利汗国，与先前的察合台汗国、窝阔台汗国，并称蒙古四大汗国，从亚洲腹地一直延伸到欧洲，成为名副其实的大蒙古国，蒙古语成为横跨亚欧大陆的官方通用语言。这些汗国的统治者，尊奉元朝皇帝为他们的大汗，称为"一切蒙古君主的君主"。这些汗国和元朝之间保持朝贡关系，使节往来不断。每一批使节都有一支庞大的商队随行，可以使用官方的驿站交通。早在窝阔台时代就设置了通往拔都营帐的驿道，以后日趋完善，使节、商队经过伏尔加河畔的萨莱，阿姆河畔的玉龙杰赤（乌尔根奇），河中地区的不花剌（布哈拉）、撒马尔罕，前往岭北行省的首府和林。

大蒙古国横跨亚欧大陆，蒙古大汗的金牌可以通行无阻地直达各地，东西方交往盛极一时。

忽必烈与大元大蒙古国

1271年，忽必烈诏告天下，定国号为大元，正式建立元朝。第二年，把中都燕京升格为大都，作为元朝的首都。蒙古语把大都叫做"汗八里"，意即"汗的都城"。

1279年，陆秀夫背着南宋小皇帝赵昺，在广东崖山投海而死，南宋王朝灭亡。从此，中华大地上再度出现由一个王朝一统天下的局面。

元世祖忽必烈向刘秉忠、张德辉、姚枢、许衡等文士请教儒学治国之道,他创建的元朝总体上沿用中原王朝的传统政治体制,也保留一些蒙古旧制。正如台湾元史专家萧启庆《蒙古国号考》所说,建立"大元"国号后,并没有放弃"大蒙古国"的蒙语国号,有时径称"大元大蒙古国"。元朝的皇帝对于汉族臣民而言,是皇帝;对于蒙古族臣民而言,仍然是大汗。

元朝的中央政府由中书省、枢密院、御史台组成,分别掌管政治、军事、监察大权,与历代王朝的政治体制大体一致。

中书省总理全国政务,有右丞相、左丞相、右丞、左丞、参知政事等官员。中书省又称"都省",它的直辖区叫做"腹里",也就是大都周围的华北地区。全国的一级行政区称为"行中书省","行"的称呼,意味着它是中书省的派出机构,负责地方的治理。都省以外,全国共有十个行省:陕西行省、甘肃行省、辽阳行省、河南江北行省、四川行省、云南行省、湖广行省、江浙行省、岭北行省、征东行省。地方一级行政区称为行省或省,是元朝的创制,一直沿用至今。

值得注意的是,吐蕃(西藏)地区此时正式成为中国行政区的一部分。早在蒙古灭金前,吐蕃部分地区已对蒙古表示臣服。灭金后,窝阔台汗次子阔端和吐蕃密切接触。1247年,喇嘛教萨斯迦派首领在凉州会见阔端,表示归顺蒙古;这位首领返回吐蕃后,通告各地,确认吐蕃是蒙古大汗管辖的领土。继任萨斯迦派首领的八思巴(罗古罗思监藏),被忽必烈封为帝师,总领天下释教(佛教)。以后八思巴又被任命为总制院负责

1. 成吉思汗像
2. 忽必烈像
3. 元代三锭脚踏木棉纺车图
4. 色目人俑

人，主管佛教和吐蕃事务。总制院后来改称宣政院，吐蕃地区是"宣政院辖地"，在那里分设三个宣慰使司都元帅府，宣慰使司都元帅是由朝廷任命的吐蕃地区最高行政长官，代表朝廷对那里实行统治。

大元大蒙古国领土辽阔，民族众多，宗教信仰各异，统治者明智地采取兼容并蓄的方针，允许自由传播、信仰，因此也里可温教（基督教）、答失蛮教（伊斯兰教）、佛教、道教并行而不悖。

但元朝毕竟是蒙古人建立的王朝，不可避免地带有民族歧视的色彩，人民被区分为四个等级：第一等级是蒙古人，第二等级是色目人，第三等级是汉人，第四等级是南人。蒙古人是统治民族，当时称为"国族"，享有各种特权。色目人是"各色各目诸国人"的简称，是指蒙古人以外的西北民族，乃至中亚、西亚与欧洲各民族，地位仅次于蒙古人。汉人又称汉儿，是指淮河以北原先金朝统治下的汉人，也包括一部分契丹人、女真人和高丽人。他们由于被征服的时间早于南人，因此地位也高于南人。地位最低的南人，又称蛮子、新附人，是指原先南宋统治下的遗民。

这种民族等级制度，也是一种身份制度。当时的史书《至正直记》说：蒙古人和色目人以高贵者自居，把南人看作奴隶。在政治生活中这种身份区别十分明显，中书省的丞相必须蒙古人担任，平章政事多用蒙古人、色目人，各行省的丞相、平章政事也大多如此。尤其忌讳汉人掌军权，枢密院长官多数是蒙古人，只有少量色目人，绝无汉人、南人。但是，统治者也意识到，治理一个以汉人、南人为主体的国家，民族歧视是无济于事的。因此，汉人、南人中的上层分子陆续被笼络进统治集团。据《元典章》记载，大德年间（1297—1307年），朝官中汉人、南人占55.23%，京官中汉人、南人占70.15%，外任官中汉人、南人占71.42%。

黄道婆的革新与乌泥泾的奇迹

棉花最早种植于印度次大陆，大约在公元前2世纪传入中国，但始终局限于边疆地区，直到宋代以前，没有在中原地区推广。宋末元初是棉花推广的重要时期。当时人王祯在《农书》中说，棉花本是南海诸国所产，后来福建各县开始种植，近来江南、陕西也普遍种植。随着棉花的推广，棉布作为商品的流通量逐渐增加，南方一些省份的农业税，除了粮食，还开始征收棉布，表明当时棉花种植与棉纺织业已有相当规模了。

在这一巨变中，功不可没的是黄道婆与乌泥泾。

黄道婆，松江府上海县乌泥泾镇人，年轻时流落到海南岛崖州，学会了海南黎族的棉纺织技术，在元成宗元贞年间（1295—1297年）返回故里乌泥泾，把黎族棉纺织技术传授给乡亲，她的一系列技术革新，使乌泥泾成为先进棉纺织技术的传播中心，带动了松江府及邻近地区棉纺织业的繁荣，终于掀起了被海外学者所称誉的持续数百年的"棉花革命"。

乌泥泾一带在宋末元初从闽广引进棉花，广为栽培，成为松江府各乡村中最早栽培棉花的地区。元末明初学者陶宗仪

《辍耕录》说："闽广多种木棉，纺织为布……松江府东去五十里许，曰乌泥泾，其地土硗瘠，民食不给，因谋树艺以资生业，遂觅种于彼。"褚华《木棉谱》补充说："邑（上海县）产棉花，自海峤来，初于邑之乌泥泾种之，今遍地皆是。"正德《松江府志》也说："木棉，宋时乡人始传其种于乌泥泾，今沿海高乡多植之。"因此，把乌泥泾看作"棉花革命"的策源地，是当之无愧的。

黄道婆返回之前的乌泥泾，棉纺织技术是相当原始的，正如陶宗仪所说，没有轧棉花（脱籽）的踏车，也没有弹棉花的椎弓，而是用手剥去棉籽，用竹弓绷上弦，在桌子上弹棉花，然后搓成棉条，再纺纱、织布。黄道婆推广了先进的技术，教农家制作杆花、弹花、纺纱、织布的器具，以及织布时的错纱、配色、综线、挈花的方法。黄道婆对棉纺织技术作了全面的革新，包括杆、弹、纺、织的全过程。根据文献记载，她从崖州引进纺车，加以改进，成为三锭脚踏纺车，当地称为"脚车"，特点是"一手三纱，以足运轮"。这是对于纺纱技术的一大突破，至于织布技术的改进，就更为突出了。她把海南岛的"崖州被"（一种彩色花布），改造成"乌泥泾被"——被誉为"组雾纫云灿花草"的乌泥泾花布。此外还有乌泥泾番布、象眼布、三纱布（三梭布）、飞花布等优质棉布。

黄道婆的技术革新带动了乌泥泾镇经济起飞，刺激了邻近地区对于种植棉花并纺纱织布的积极性。到了元末明初，松江府已经成为全国闻名的棉纺织业中心，号称"绫布二物，衣被天下，虽苏杭不及"。

从乌泥泾起步的棉纺织业,导致松江府及周边地区农业经济与农家经营发生了革命性变化。一方面,棉花种植超过了传统的稻谷种植,即学者们所说的"棉作压倒稻作"。松江地区大体是"棉七稻三",嘉定地区甚至达到"棉九稻一"。另一方面,纺纱织布为农家带来了巨大的经济效益,其经济收入日益超过粮食作物,成为农家主要经济来源。也就是说,先前的副业逐渐上升为主业。这种"以织助耕",不同于以往的"男耕女织"那种自给自足模式,已经充分商品化、市场化,不是为自家消费而生产,而是为市场而生产。"衣被天下"的松江棉布,绝大部分是农民家庭生产的。

关于马可·波罗的争议

蒙元时代,东西方交往盛极一时。最有影响的西方使者,莫过于意大利人马可·波罗(Marco Polo,1254—1324)。

1271年,马可·波罗随威尼斯人尼哥罗兄弟,沿着丝绸之路东行,前往蒙古。他深得元世祖忽必烈赏识,出任元朝官职,游历了大都(北京)、京兆(西安)、成都、昆明、大理、济南、扬州、杭州、福州、泉州,留下了生动的记录。比如,13世纪末他来到昔日南宋都城杭州,惊叹它是"世界最名贵富丽之城",劫后余生的杭州,依然人口众多,产业发达,市面繁荣。正是由于他的介绍,杭州这座花园城市闻名于欧洲。他的中国见闻记录如实地反映了当时的实况,比如称中国为"契丹",称北京为

"可汗的大都",称南方的汉人为"蛮子",称杭州为南方汉人的"行在"。

1289年,伊利汗国大汗的妃子死去,大汗派遣使者到大都,向大元大蒙古国的皇帝请求续娶一位公主。忽必烈同意把阔阔真公主嫁给大汗,并且委派马可·波罗陪同大汗的使者,一起护送阔阔真公主前往伊利汗国。1291年,他们一行从泉州启程,两年后到达伊利汗国。马可·波罗完成任务后,从那里动身回国,于1295年抵达威尼斯。

不久,马可·波罗在战争中被俘,他在监狱中讲述东方见闻,由同狱的小说家记录成书,出版后名曰《世界的描述》(一曰《世界的印象》)。冯承钧的中译本题名为《马可波罗行纪》,从中可以看到一个外国人眼中13世纪中国生动活泼的画面。

然而,在当时欧洲人看来,这是马可·波罗的"百万牛皮"。这一成见至今仍未消除。1981年,英国不列颠图书馆中文部主任伍芳思(Frances Wood)女士在《泰晤士报》发表文章,认为马可·波罗没有到过中国。1995年,她出版专著《马可·波罗到过中国吗?》,该书结论是:威尼斯商人马可·波罗从未到过任何接近中国的地方,在历史上不朽的《马可波罗行纪》完全是杜撰之作。奇怪的是,她的这一结论居然得到几位中世纪史专家的支持。

中国的蒙元史专家杨志玖首先表示异议,在《环球》杂志1982年第10期发表文章回应。他指出,中国史籍中确实没有发现马可·波罗的名字,但并不是没有可供考证的资料。比如,护送阔阔真公主赴伊利汗国的事,在《经世大典》中有明确的

1. 《马可·波罗行纪》的插图
2. 马可·波罗像
3. 北京郭守敬纪念馆的郭守敬雕像

记载，人名、时间都和马可·波罗所说相符。伊利汗国学者拉施都丁的《史集》也有相同的记载。又如，《马可·波罗行纪》提到镇江附近有两所基督教堂，以及在长江边的佛教寺院（即著名的金山寺）。这些可以在《至顺镇江志》中得到印证。该书有一章专讲元朝的纸币，说它通行全国，信用度极高，特别强调"伪造者处极刑"。这一点由1963年出土的纸币铜版所证实，铜版正中刻有"伪造者处死"五个大字。这些目击的记录，绝不是"没有到过中国"的人可以"杜撰"出来的。

1997年杨志玖在《历史研究》杂志发表论文——《马可波罗到过中国：对"马可波罗到过中国吗？"的回答》，全面论述了他的观点：伍芳思虽多方论证，但说服力不强，《马可·波罗行纪》中确有一些错误、夸张甚至虚构之处，准确可考之处也不少，若非亲见，便难以解释。

此后，有的中国史家为此写了专著，反驳伍芳思的结论。现在看来，说马可·波罗没有到过中国，显然过于武断，令人难以置信。

"中国的第谷"——郭守敬

元初，波斯天文学家扎马鲁丁应元世祖忽必烈的征召，来到大都（北京），带来了天文仪器和新的纪年法《万年历》。此后于至元八年设立了天文台——"回回司天台"，由扎马鲁丁总管，吸收不少西域天文学家参与工作。郭守敬与扎马鲁丁进行业务交流，对阿拉伯天文历法成就有了相当深刻的了解。

郭守敬（1231—1316年），字若思，邢州（今河北邢台）人，祖父郭荣是数学家、水利学家，除了家学熏陶，他又师从天文学家、地理学家刘秉忠。1262年，由于刘秉忠的同学、左丞张文谦的推荐，郭守敬向忽必烈面陈水利建议六条，被任命为主管全国河渠的官员，次年提升为副河渠使，此后又提升为都水少监。他的主要贡献是为元大都的城市建设奠定了基础。

元大都新城的城址，是以金朝的离宫——太宗宫附近的湖泊（即今中海和北海）为中心设计的。这一片湖泊属于高梁河水系，在此建造都城，出于长远考虑：一是金朝的都城在战乱中已遭破坏，二是莲花池水源供不应求，三是为了解决南粮北运的交通问题。元朝面临的漕运压力，比金朝更为繁重，每年要从江南运送几百万石粮食到大都。郭守敬提出改造旧闸河，另引玉泉山水来沟通漕运的计划，得到朝廷批准后，付诸实施。把水源引入西山山麓的瓮山泊，然后汇入积水潭（今什刹海），再接闸河，这就是叫做通惠河的新运河，从大都至通州全长164里，由郭守敬亲自设计施工。今日北京的给水工程用京密引水渠，从昌平经昆明湖到紫竹院西北一段，基本沿用郭守敬当初的路线。

元朝建都于北京，必须对承担漕运重任的运河加以改造，把运河的终点从洛阳、开封转移到北京。淮河以南，邗沟与江南河迭经整治，仍可通行。全线独缺山东境内泗水与御河之间一段，以及通州至北京一段。于是元朝先后开凿济州河、会通河、通惠河，沟通了从杭州直至北京的大运河。

元朝初年使用的《大明历》,误差很大,刘秉忠建议修改历法。1276年,朝廷根据刘秉忠生前的建议,任命张文谦等主持修订新历,郭守敬等奉命进行实测。1279年,太史局(天文台)扩建为太史院,郭守敬出任"同知太史院事",主持全国范围的天文测量,设立27个观测站,最北的观测站在西伯利亚北部,最南的观测站在西沙群岛。在此基础上,编成了新历——《授时历》。郭守敬在给皇帝的报告中说,《授时历》重新测定天文数据七项,改革天文计算五项。《授时历》推算一回归年长度为365.242 5日,这个数据和地球绕太阳一周的时间,只相差26秒,与现代通用的格里高利历相同。格里高利历是1582年罗马教皇格里高利十三世制定的,比《授时历》晚了300年。郭守敬的天文成就,与300年后的丹麦天文学家第谷(Tycho Brahe)先后交相辉映。明末来华的耶稣会士汤若望(P. J. Adam Schall Von Bell)称赞郭守敬为"中国的第谷"。其实,郭守敬比第谷早三个世纪,应该说第谷是欧洲的郭守敬才更确切。日本科学史家山田庆儿说,元代的《授时历》"代表了中国天文学的最高水平"。

十一、儒学熏陶下的义门与家训

朱熹与儒学复兴

自从汉武帝设置五经博士以来,"五经"(诗、书、礼、易、春秋)成为汉唐经学的主体。朱熹的最大贡献,是把"五经"为主的体系,改造成"四书五经"体系,并且把重心从"五经"转移到"四书"。在朱熹看来,儒家的道统在孔子、曾子、子思、孟子之间相传,因而他们四人的代表作——《论语》、《大学》、《中庸》、《孟子》(即"四书"),理所当然成为儒家经学的主体。

朱熹,字元晦,一字仲晦,号晦庵,徽州婺源人,生活在南宋时代。绍兴十八年(1148年)考取进士,担任过一些地方官,主要精力用于研究与讲授儒学。他曾经向程颢的再传弟子李侗学习程学,构筑与汉唐经学不同的儒学体系,后人称为理学、道学或新儒学,完成了儒学的复兴。朱熹是孔子、孟子以来中国最伟大的思想家、新儒学的集大成者,这已经成为国际学术界的共识。他的思想学说,即所谓"朱子学",先后影响朝鲜、日本、欧洲。西方汉学家认为,朱熹对儒教世界的影响,可以与托马斯·阿奎那对基督教世界的影响相媲美。

朱熹一生从事著书、讲学。他的著述极为宏富,《四书集注》等几十种著作大多流传下来;他的书信、题跋、奏疏、杂文合编为《朱子大全》121卷;他的讲学语录,编为《朱子语类》140卷。他创办白鹿洞书院、岳麓书院,培养学生,普及儒学。他的道德学问受到后世的敬仰,长期流传,渗透于社会每一个角落。

朱熹的思想学说,最为深奥的当然是关于"理"和"气"的关系,那是玄虚的哲理探讨。他的学生问他:"必有是理,然后有是气,如何?"朱熹回答:"此本无先后可言,然必欲推其所从来,则须说先有是理。然理又非别为一物,即存乎是气之中,无是气,则是理亦无挂搭处……"对此,人们可以作出各种各样的解释,众说纷纭。但对于一般人而言,"理"和"气"孰先孰后,管他作甚!

朱熹对社会最大的影响,并非深奥的哲理,而是通俗的儒学教化。他把《大学》中的名言——"格物致知,正心诚意,修身齐家,治国平天下",作了具体、通俗的阐释。他以社会基层民众的日常言行为旨归,希望从基层着手,建立一个理想社会,因此,他特别重视儒学的普及化、通俗化。编著《四书集注》,用理学思想重新解释《论语》《孟子》《大学》《中庸》,是贯彻其主张的重要一步;编著儒学童蒙读物,也是为了贯彻这一主张。他的《小学集注》,旨在教育青少年遵循"三纲五常"的道德规范。他的《论语训蒙口义》《童蒙须知》,对儿童的衣着、语言、行为、读书、写字、饮食等方面都提出了行为规范。例如:

穿衣——要颈紧、腰紧、脚紧;

说话——凡为人子弟必须低声下气,语言详缓;

读书——要端正身体面对书册,详缓看字;

饮食——在长辈面前,必须轻嚼缓咽,不可闻饮食之声。

按照朱熹的逻辑,如果连日常生活细节的良好习惯都难以养成,那么就谈不上正心诚意、修身齐家,更遑论治国平天下了。由此我们不难理解,朱熹为什么要强调"持敬"、"涵养"功夫了。一个怀抱治国平天下壮志的人,自身风度必须整肃,排除杂念,外貌与内心表里如一,达到"动容貌、整思虑、正衣冠、尊观瞻"的境界。他有一句名言:"出门如见大宾,使民如承大祭。"意思是说,待人接物必须恭恭敬敬、畏畏谨谨、收敛身心,不要放纵自己。如果人人都如此讲究修身齐家,那么整个社会也就文明、和谐了。

肃穆治家的义门

中国历史上,受儒家伦理的熏陶而累世同居的大家族屡见不鲜,因其被朝廷表彰为"义门",成为社会的楷模。明清之际的学者顾炎武在《日知录》中说,宋朝以来"义门"风气很盛,与程朱理学的大力倡导有密切关系。

最为引人注目的,莫过于婺州(金华府)浦江县的"义门郑氏"。宋元明三朝的皇帝都对他们进行表彰,《宋史》《元史》、《明史》在"孝友传"或"孝义传"中,记载他们一代又一代的事迹,历经几百年传颂不息。这一事实本身表明,经过多次改朝换代,人们对于"义门郑氏"推崇备至的心情,始终未变。不同价值观的人们竟然异口同声地赞扬"义门郑氏",其中必有缘由,必有令人敬仰之处。

郑氏家族从河南荥阳,初迁于徽州歙县,再迁于遂安、浦江。到达浦江以后,世代笃行孝义,累世同居不分财。《宋史·孝义传》写道:"郑绮,婺州浦江人,善读书,通《春秋》榖梁学,以肃穆治家,九世不异爨。"《元史·孝友传》写道:"郑文嗣,婺州浦江人,其家十世同居,凡二百四十余年,一钱尺帛无敢私","家庭中凛如公府",即使担任官员的子孙,也"不敢一毫有违家法"。《元史》特别强调,郑氏家族"冠、婚、丧、葬,必稽朱熹家礼而行",可见朱熹思想对他们影响至深。

元朝的名人余阙,以浙东廉访使的身份为郑氏家族题写"东浙第一家"碑文,代表朝廷加以表彰。元末战乱,起义军多次进入浦江县,无一例外地相互告诫,不得侵犯郑氏家族,还派兵保护郑氏住宅,护送外出逃难的郑氏家人返回家园。

这些现象看起来似乎有悖于"阶级分析"理论,造反大军要推翻朝廷,却对朝廷表彰的"义门"充满敬意。其中的道理很简单。义门郑氏有一部以朱熹家礼为宗旨的家训——《郑氏规范》,用它来规范家族成员的言行举止,他们不仅"以肃穆治家",而且和乡邻和睦相处,实施扶贫济弱的善行义举,赢得了

1. 朱熹像
2. 位于今江西九江的白鹿洞书院
3. 元刻本《颜氏家训》书影
4. 朱柏庐像

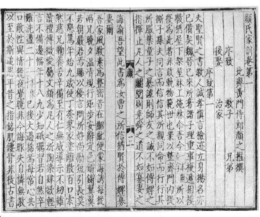

乡邻的尊崇,闻名遐迩,被公认为民众的楷模。这就是"义门"难能可贵之处,迥然不同于为富不仁的豪绅。富甲一方的郑氏家族,拥有大量田产,却从不以富欺贫、以强凌弱。《郑氏规范》明确要求家族成员切实做到:(一)允许佃户拖欠地租,不收取利息,不增加地租。(二)不为自家私利而妨碍乡邻灌溉。(三)对贫困乡邻应予以扶助,青黄不接之际,每月接济贫困农户六斗谷子。(四)举办慈善事业,设立义冢,为死亡的鳏寡孤独者殡殓安葬;设立药市,免费向患病乡邻提供医药。

这种仁爱孝义精神与乐善好施作风,把朱熹倡导的伦理道德落实于行动,成为郑氏家族几百年始终坚持不懈的传统,在乡里传为美谈,方圆百里间形成和谐睦邻的氛围。萦绕于人们头脑中的谜团,即几百年来迭经多次战乱,为什么义门郑氏得以保存下来,由此可以获得索解:这棵枝茂叶繁的大树有它深厚的土壤。

这样,人们不得不对《郑氏规范》这部家族法规刮目相看了。它规定了家族中人的生活起居、生产经营、冠婚丧祭的行为准则,不仅维系大家族内部几代人的和谐相处,而且维系大家族与乡邻之间的和谐相处。明朝初年的学者型官僚宋濂,出于对他的同乡郑氏家族的仰慕,为《郑氏规范》第三次修订本写了一篇序言,说这部家训如果能够推广,必然会起到"厚人伦"、"美教化"的榜样效应。

《郑氏规范》对于家族各个部门的主管都有严格的要求:

"家长"——"以诚待下,一言不可妄发,一行不可妄为";

"典事"——"刚正公明,才堪治家,为众人表率";

"监视"——"端严公明,可以服众";

"掌门户"——"老成有知虑"。

这些岗位都有任期年限,或二年一轮,或一年一轮,使得更多的人能够参与家族的管理,增加家族内部的凝聚力。

《郑氏规范》在家族内部具有无可争辩的权威性,在祠堂的祭祀仪式上,男女老少都得听取这样的教诲:"凡为人子者必孝其亲,为妻者必敬其夫,为兄者必爱其弟,为弟者必敬其兄";"毋徇私以妨大义,毋怠惰以荒厥事,毋纵奢以干天刑"。

每天清晨,家族成员在厅堂听取"男训"、"女训"。男训强调的是,居家要讲究孝悌,处事要讲究仁恕,不得"恃己之势以自强,克人之财以自富"。女训强调的是,对待公婆要孝顺,对待丈夫要恭敬,对待弟妹要温和,不得"摇鼓是非,纵意徇私"。

现在看来,除去某些不合时宜的字句,其主体是在弘扬传统美德,这一点毋庸置疑。

修身齐家的格言

儒家伦理一向注重修身齐家,从自身修养做起,治理好家庭和家族,才谈得上治国平天下。"家国同构"的观念深入人心,"家"是缩小了的"国","国"是放大了的"家"。义门郑氏被人赞誉为"家庭中凛如公府",就不足为奇了。在士大夫心目中,修身齐家与治国平天下之间,有着内在的逻辑关系。因此,修身齐家的格言屡见不鲜,为人们传颂不息。

自从北齐颜之推的《颜氏家训》问世以来,此类作品连绵不绝。宋朝以后,随着儒学的复兴,家训与家规的内容和形式都有所创新,社会影响也愈来愈大。前面提到的《郑氏规范》就是一个突出代表,与它齐名的还有南宋袁采家族的《袁氏世范》。

袁采是浙江衢州人,进士及第以后,担任过一些小官,政绩廉明。他留下不少著作,最为引人注目的还是他的治家格言——《袁氏世范》。该书分为"睦亲"、"处己"、"治家"三卷,贯穿儒家孝悌、忠恕的宗旨。

"睦亲卷"涉及父子、兄弟、夫妇、妯娌、子侄等家庭成员之间的关系,提倡"父慈子孝"、"均其所爱"、"长幼贵和"、"相处贵宽"、"各怀公心"。

"处己卷"涉及家庭成员立身处世、自我修养的行为规范,提倡平等待人,不能"因人之富贵贫贱,设为高下等级"。面对财物,"不损人而益己";面对患难,"不妨人而利己"。家族子弟应该读书学习,通过科举事业谋取富贵,即使落第,也可以运用知识谋生。

"治家卷"涉及生产和生活各个方面,体现仁恕之道。例如:应该把佃户看作自家的"衣食之源",要体恤、厚待,借贷要低息,遇到灾害要减租。又如:买田产时要公平交易,经营商业时不可掺杂使假。对待家中奴婢,要宽恕,令其温饱,有过错要教诲,不可打骂。

《袁氏世范》倡导的开明作风和教化精神,赢得了当时与后世的高度评价,使得家训超越"家"的范畴,与社会、国家联系在一起，进入到一个新的层次。

以后各代继承并发扬这一传统，不断有精彩的治家格言问世，最为人们传颂的首推《朱子家训》。不过，此朱子非彼朱子，他是明末清初昆山人朱柏庐，他的家训，又叫做《朱柏庐先生治家格言》。

朱柏庐，本名朱用纯，青少年时代在明末度过，没有显赫的仕途业绩，始终只是一名生员（秀才）而已。清朝定鼎以后，他为殉难的父亲守孝，庐墓攀柏，故自号柏庐。此后隐居乡间，当私塾老师的同时，埋头研究朱熹的理学。康熙十七年（1678年），地方官推荐他进入"博学鸿儒科"，他决意推辞，淡泊明志，潜心于学问。他的研究心得，概括为一句话，就是"知行并重"，把儒家伦理与日常生活结合起来。在这点上，他深受朱熹的影响。

这位小人物给后世留下的文化遗产，并非学术著作《大学中庸讲义》之类，而是篇幅不大的《朱子家训》。他为家人规定的行为准则，全文仅五百多字，然而上自士大夫，下至普通百姓，几乎家喻户晓，人人能够背诵，不能不说是一个奇迹。既然如此脍炙人口，何不摘录他的格言细细品味一番：

——"黎明即起，洒扫庭除，要内外整洁，既昏便息，关锁门户，必亲自检点"；

——"一粥一饭，当思来处不易；半丝半缕，恒念物力维艰。宜未雨而绸缪，毋临渴而掘井。自奉必须俭约，宴客切勿流连。器具质而洁，瓦缶胜金玉；饮食约而精，园蔬愈珍馐"；

——"与肩挑贸易,毋占便宜;见贫苦亲邻,当加温恤。刻薄成家,理难久享;伦理乖舛,立见消亡";

——"莫贪意外之财,莫饮过量之酒";

——"轻听发言,安知非人之谮诉?当忍耐三思;因事相争,安知非我之不是?宜平心再思";

——"见富贵而生谄容者,最可耻;遇贫穷而生骄态者,贱莫甚"。

这些治家格言,今日读来,警示意义依然没有褪色,令人一唱三叹。言简意赅的修身齐家道理,具有某种超越时代的永恒性,否则的话,如何能流传至今呢?

十二、"以重典驭臣下"的朱明王朝

朱元璋与皇权的强化

元朝后期,政治腐败,1308年到1333年的25年中,换了八个皇帝,统治集团争权夺利,搞得一团糟。几年时间里,半个中国已在起义军控制之下。朱元璋就在此时崛起于起义军中。他击败割据一方的陈友谅、张士诚,据有东南半壁江山,并以此为基础北上伐元。在"驱除鞑虏,恢复中华"的口号声中,于至正二十八年(1368年)推翻元朝。四十一岁的朱元璋成了明朝的开国皇帝——明太祖。

美国历史学家范德(Edward L. Farmer)在《朱元璋与中国文化的复兴》中说:"明王朝的建立,无论是对中国的政治史还是文化史,都有着意义深远的影响。在蒙古人统治了近一百年之后,明朝的开国皇帝朱元璋开始着手复兴中国的文化传统价值。在这一复兴并重新界定中国文化精髓的过程中,朱元璋制定了一系列旨在指导政府活动与规范社会生活的法律。它的立法不仅强化与稳定了明朝的君主专制体系,而且在中国政治文化上留下了深刻的印痕。"

在这方面最突出的工作即恢复传统的科举考试制度与发布《大明律令》。

洪武三年(1370年)朱元璋在一道诏旨中宣布即将开科举,考经义和《四书》,论与策各一道,中式者还要经过箭术、马术、书法、算术、法律知识的测试。科举考试制度在明代达到空前完备,但是八股取士却束缚、禁锢了人们的思想,同时也把科举考试制度本身引向绝路。

《大明律令》这部法典包含285条律和145条令,以后又编了《律令直解》使之通俗化。明律简于唐律,严于宋律。又在明律之外,指定条目处以极刑,把案例编为《大诰》,颁给各级学校作为必读教材,以后又编了《大诰续编》《大诰三编》。其序言说:"诸司敢不急公而务私者,必穷搜其原,而置之重典。"针对元季官吏贪冒、徇私灭公,所载都是惩治贪官污吏、地方豪强的重大刑事案件,其中凌迟、斩首、族诛的有几千条,弃市以下万余条,大都出于朱元璋亲自裁定,用他自己的话来说是"治乱世用重典",对大臣擅权、武将骄横给予最严厉的打击。他下决心严惩贪污,说"此弊不革,欲成善政,终不可得",于洪武二十五年编《醒贪简要录》,颁示天下,官吏贪赃六十两以上即枭首示众,再处以剥皮之刑。

洪武十五年的空印案、十八年的郭桓案,都是打击贪官污吏的重大案件，两案连坐被杀的人数以万计。

几起大案，加上严刑峻法，凌迟、枭首、族诛之外还有刷洗、秤竿、抽肠、剥皮等酷刑，虽然打击了贪赃枉法的陋习，但造成了朝廷内外极度恐怖的气氛。朝官每天黎明上朝，出门前必先与家中妻子诀别，吩咐后事，是否可以平安回家实难预料。

朱元璋对全国大小政务都要自己亲自处理，唯恐大权旁落，他不仅大权要独揽，连小权也要独揽。除严刑酷法外，推行特务政治，也是其强化皇权的一大创举。在监察机关都察院以外，设立了检校、锦衣卫，承担着监视官吏的特殊使命。

检校的职责是"专主察听在京大小衙门官吏不公不法及风闻之事"，直接报告皇帝。朱元璋自己坦率地说：有这几个人，譬如人家养了恶犬，则人怕。检校的鹰犬无孔不入，到处刺探，一举一动都报告皇帝，皇帝对大臣的一言一行了如指掌。有这样一个故事：被征去编《孟子节文》的钱宰，写打油诗发牢骚："四鼓冬冬起着衣，午门朝见尚嫌迟，何时得遂田园乐，睡到人间饭熟时。"第二天朱元璋就得知此事，对他说：昨日作的好诗，不过我并没有"嫌"啊，改作"忧"字如何？吓得钱宰出了一身冷汗，连连磕头请罪。

洪武三十一年（1398年）朱元璋去世，葬在南京城外钟山，即有名的明孝陵。他在遗诏中说："朕膺天命三十一年，忧危积心，日勤不怠，务有益于民。奈起自寒微，无古人之博知，好善恶恶，不及远矣。"颇有一点自知之明，他确实"忧危积心，日勤不怠"，但不能"好善恶恶"，过分严酷。其诛杀功臣的所谓"胡惟庸党案"、"蓝玉党案"以及李善长的"逆谋案"即充分反映了这一点。而其子明成祖朱棣发明的"诛十族"、"瓜蔓抄"而有过之而无不及。明朝的政治暴虐达到了令人发指的程度。

胡惟庸党案与蓝玉党案

洪武十三年（1380年），中书省左丞相胡惟庸被皇帝朱元璋以"擅权植党"罪处死，株连蔓延成千上万所谓"胡党"（胡惟庸党），开始了持续十余年的大屠杀。为了虚张声势，朝廷颁布了《昭示奸党录》，作为统一的宣传口径。《明太祖实录》关于胡惟庸党案的记载，大抵依据这一官方文件；清朝人编写《明史》，也没有跳出这一窠臼。后人阅读这段历史，不免扑朔迷离。

1934年，明史专家吴晗在《燕京学报》发表论文《胡惟庸党案考》，才使真相大白：其一，胡惟庸是一个"枭猾阴险专权树党的人"，被"自私惨刻的怪杰"朱元璋处死，是咎由自取；其二，所谓胡惟庸及其党羽企图谋反，勾结倭寇之类罪状，一概子虚乌有，是为了株连"胡党"而虚构的。

因此，必须把胡惟庸和"胡党"区分开来。

《明史》把胡惟庸列入"奸臣传"，原因就在于"窃弄威柄，构结祸乱"，这是毋庸置疑的。和那些功勋卓著的元老相比，他只能算是一个宵小之徒。然而，他却是朱元璋看中的人才，用来取代第一任左丞相李善长。当初朱元璋为此征求谋士刘基的意见，刘基明确表示反对，说胡惟庸这个人好比一匹劣马，要他驾车,必然会翻车坏事。大将军徐达为人正直,早就看穿胡惟庸的奸猾本性,希望皇帝有所提防。朱元璋不以为然。

胡惟庸小心谨慎,费尽心机迎合皇帝的旨意,故而官运亨通,"宠遇日甚",由右丞相升任左丞相,一手把持中书省。官员的生杀升降,不请示皇帝,自作主张,各级官员给皇帝的公文,必须经他审阅,凡是对自己不利的,一律扣押。

胡惟庸的所作所为,使得相权与皇权的矛盾激化,朱元璋感受到前所未有的大权旁落。权势欲极强的朱元璋,用人多疑,在任命胡惟庸为左丞相的同时,重新起用汪广洋为右丞相,充当耳目,所以他对于胡惟庸的一举一动了如指掌。洪武十三年正月,朱元璋突然宣布,以"擅权植党"罪处死左丞相胡惟庸。平心而论,用"擅权植党"罪处死胡惟庸,绰绰有余。问题在于,朱元璋要除掉的并非胡惟庸一个人,而是数量庞大的"胡党",受牵连的"僚属党羽"成千上万,极大部分是捕风捉影、恶意诬陷的。为了根本解决相权威胁皇权的隐患,朱元璋宣布废除丞相及其办事机构中书省,并且告诫以后的皇帝,不得议论设置丞相,大臣敢于请求设置丞相的,严惩不贷。明朝此后两百多年,是没有丞相的时代,也是皇权没有任何制约的时代。

蓝玉党案也是如此。蓝玉是开平王常遇春的妻弟,在南征北战中所向披靡,战功显赫,升为大将军,封为凉国公。但皇恩浩荡之下,他忘乎所以,骄横跋扈,带兵在外,常常超越权限,擅自决定将校的升降,不向朝廷请示报告。为了显示自己的威权,他任意对军士施加鲸刑——在脸上刺字,以此来挟制部下,使军队成为自己的私家武装。这就激化了将权与皇权的矛盾，是朱元璋绝对不能容忍的。胡惟庸案发后，就有人揭发蓝玉属于"胡党"，朱元璋没有追究。因为此时常遇春的女儿被册封为太子妃，常遇春成了太子的岳父，蓝玉以常遇春妻弟的身份成了太子的舅舅。蓝玉的女儿则被册封为蜀王妃（蜀王是朱元璋十一子朱椿）。朱元璋投鼠忌器，暂时不对蓝玉下手。

洪武二十五年，太子朱标英年早逝，朱元璋无所顾忌，决意对蓝玉下手。一向与太子、蓝玉有矛盾的燕王朱棣，要父亲继续清洗异己分子，说在朝诸公恣意妄为，将来恐怕尾大不掉，含沙射影地指向蓝玉。于是，一张陷人于法的罗网悄悄地向蓝玉袭来。

洪武二十六年二月八日早朝时，锦衣卫指挥蒋某突然袭击，向皇帝控告蓝玉谋反，说他勾结景川侯曹震等高级将领，企图趁皇帝到郊外举行"藉田"仪式时，发动兵变。次日，蓝玉连同家属一并处死，被株连的高官，有公爵一名、侯爵十三名、伯爵二名，连坐株连者及其家属，达一万五千人之多。朝廷为此公布《逆臣录》，显示"蓝党"谋反的证据，其实完全是诬陷不实之词。朱元璋要处死蓝玉，就如同处死胡惟庸一样，易如反掌。但是要株连一个庞大的"蓝党"，必须罗织罪状不可。《逆臣录》搜罗了近千人的口供，唯独没有凉国公蓝玉、景川侯曹震的口供，也就是说，这两个主犯根本不承认"谋反"。据野史记载，蓝玉在狱中为自己申辩，所谓"蓝党"完全是凭空虚构的。

半年以后，朱元璋下了一道诏书："自今胡党蓝党概赦不问。"其实，杀了四万多人，功臣宿将死得差不多了，"概赦不问"云云,不过是一句显示皇恩浩荡的空话而已。

李善长的灭门之祸

李善长可以算是明朝开国元勋中最为显赫的人物。洪武三年,明太祖朱元璋大封功臣,功劳最大的六人册封为公爵,其中五人都是战功彪炳的武将:徐达、常遇春、李文忠、冯胜、邓愈。唯独李善长是文官,却排名第一,足见此公在皇帝心目中无人可以企及。

这样的开国第一功臣,怎么会有灭门之祸呢?

宦海沉浮,世事难料。朱元璋在赞誉李善长功劳可以和汉初的萧何相媲美的同时,已经在考虑取代他的人选了。原因就在于李善长的势力过于膨胀,日益成为皇权的潜在威胁。

洪武四年,韩国公李善长以体面致仕(退休)的方式,交出了左丞相的权位。退休之后的李善长仍然可以呼风唤雨,是很容易引来非议的。御史大夫汪广洋弹劾他"挟宠自恣",大概可以看作命运转折的一个信号。胡惟庸是李善长一手提拔起来的,案发后,不少官员要求株连李善长。奇怪的是,朱元璋没有同意,说道:我起兵时,善长来投奔,当时我二十七岁,善长四十一岁,他的建言大多符合我的意思。他是我的股肱,不忍心杀他。

这是真实的谎言,并非"不忍心",而是无从下手。因为在洪武三年大封功臣时,朱元璋已经给李善长等人颁赐了"免死铁券"。这是一种用铁铸成的瓦片状物件,唯一的含金量,是在镌刻的文字上嵌入金粉而已,被分别颁赐给开国元勋徐达、李文忠、邓愈、汤和、李善长、冯胜、耿炳文、傅友德、唐胜宗、陆仲亨、费聚、赵庸、华云龙、朱升等。上面写着各位功臣的功绩、给予的爵禄,然后有一句最为关键的话语:"除逆谋不宥,其余若犯死罪,尔免二死,子免一死。"可见皇恩浩荡是有条件的,就是"逆谋不宥"——谋反罪不得免死。胡惟庸案发,李善长自然难辞其咎,但是仅凭"擅权植党"罪,似乎难以处死李善长。朱元璋在等待罪状的升级。

洪武二十三年,即胡惟庸被处死十年以后,他的罪状升级为"谋反",株连到了李善长。《昭示奸党录》确定李善长串通胡惟庸谋反的罪证有两条。其一是他的弟弟、胡惟庸的岳父李存义的供词;其二是他的家奴卢仲谦的告发。《明太祖实录》、《明史·李善长传》所揭示的情节,栩栩如生,犹如小说,无非是说,胡惟庸勾结蒙古、日本谋反,派遣使者封绩前往蒙古,"请兵为外应",派遣指挥林贤"下海招倭军约期来会"。李善长参与了这一阴谋。

一场子虚乌有的"逆谋"——"通虏"、"通倭"的反叛阴谋,如此这般虚构成功,朱元璋发话了:"善长元勋国戚,知逆谋不发,狐疑观望怀两端,大逆不道。"你李善长既是开国元勋,又是皇亲国戚(儿女亲家),知道胡惟庸的"逆谋",居然不揭发,狐疑观望,首鼠两端,大逆不道,理应满门抄斩。很快圣旨下达:处死李善长及其妻女弟侄。七十七岁的李善长一门七十余人被杀,只有长子李祺因为有妻子临安公主(朱元璋之女)庇佑,幸免于难,他们的儿子李芳、李茂也因此逃过一劫。

受到牵连被杀的功臣有:吉安侯陆仲亨、延安侯唐胜宗、平凉侯费聚、南雄侯赵庸、荥阳侯郑遇春、宜春侯黄彬、河南侯陆聚等。其中一些人都有"免死铁券",却难逃一死。

毫无疑问,这是一桩冤案。一年后,郎中王国用向皇帝递交《论韩国公冤事状》,为李善长鸣冤。这份状子其实是才子解缙起草的,以雄辩的事实反驳李善长串通胡惟庸谋反的诬陷不实之词。大意是说:李善长为陛下打天下,是第一功臣,假使帮助胡惟庸成事,也不过如此。况且他已年迈,何苦呢?李善长一向"子事陛下","托骨肉,无纤介之嫌","未有平居晏然,都无形迹,而忽起此谋者"。说得朱元璋哑口无言,默认是枉杀。何况胡惟庸也并未谋反。明末清初的历史学家谈迁说:"惟庸非叛也",乃"积疑成狱"。吴晗《胡惟庸党案考》的结论是:第一,"在胡案初起时胡氏的罪状只是擅权植党,这条文拿来杀胡惟庸有余,要用以牵蔓诸勋臣宿将却未免小题大做。在事实上有替他制造罪状的必要";第二,"李善长之被株连,其冤抑在当时解缙所代草之王国用疏辨之甚明"。既然胡惟庸并无谋反的动机与行为,那么李善长串通胡惟庸谋反,便成为无稽之谈。

"诛十族"、"瓜蔓抄"及其他

洪武二十五年,皇太子朱标病逝,法定接班人死了,由谁来继承皇位?明太祖朱元璋十分欣赏四子燕王朱棣,因为性格、脾气、作风都与他酷似，想立他为皇储。翰林学士刘三吾期期以为不可，理由很简单：把二子秦王、三子晋王置于何地？他建议立朱标长子即皇长太孙朱允炆为皇储，那样的话，"四海归心，皇上无忧"。朱元璋采纳了这个利弊参半的建议，"利"的方面是，体现了嫡长子继承的原则，可以服众；"弊"的方面是，那些藩王都是皇太孙的叔叔，能够容忍一个年轻的侄儿做皇帝吗？燕王朱棣尤其难以摆平，在二哥秦王、三哥晋王相继死去后，他自以为是理所当然的接班人。洪武三十一年朱元璋去世，皇太孙即位，成为明朝第二个皇帝，年号建文。于是，建文帝与燕王的矛盾逐渐明朗化。

皇太孙在即位之前已经感受到叔父们的潜在威胁，他向太常卿黄子澄请教，如何化解这个威胁。黄子澄援引汉景帝平定吴楚七国之乱的历史典故，示意削藩——削夺藩王的权力。在齐泰、黄子澄的辅佐下，建文帝加快了削藩的步伐。他在"削燕王属籍"的诏书中明确指出：先皇帝在世时，朱棣"包藏祸心，为日已久"，现已祷告太庙，把他废为庶人。

燕王朱棣打出"清君侧"的幌子，指责奸臣齐泰、黄子澄等，"假陛下之威权，剪皇家之枝叶"，发兵南下，夺取久已觊觎的皇位。同样是藩王反叛朝廷，汉朝的吴楚七国之乱、西晋的八王之乱都以失败告终，而明朝燕王的"靖难之役"却胜利了，朱棣成了明朝第三个皇帝——成祖，年号永乐。

朱棣当上皇帝之后，为了粉饰夺取帝位的合法性，摆脱篡位的嫌疑，必须制造舆论，否定建文帝的合法性，因此把建文四年改成洪武三十五年，表示他是太祖高皇帝的直接继承者。与此同时，对主张"削藩"，抗拒"靖难之役"的建文朝大臣，实施残酷的大屠杀。学者孟森在谈到"靖难后杀戮之惨"时，用了一句分量极重的话："皆人类所不忍见闻者。"这在他的著作中是极为罕见的。

永乐初年，再现了洪武年间胡惟庸党案、蓝玉党案的大屠杀，其残酷程度有过之而无不及。孟森说，朱棣篡位成功，臣民以为他毕竟是太祖的儿子，夺位不过是帝王家事，没有必要为建文报仇，非口诛笔伐不可。在这种情况下，他完全可以豁达大度，对建文旧臣不予追究，未必会有什么后患。即使要杀几个建文亲信，也不必株连他们的亲属，连妇女儿童也不放过。但是朱棣没有这样的雅量，因为篡位心虚，必须造成无人敢于议论的威慑恐怖气氛，在这点上，他深得乃父"以重典驭臣下"的真传。

对方孝孺的惩处，最为典型地暴露了朱棣的心虚。攻占南京，进入紫禁城后，他当即召见被谋士僧道衍誉为"读书种子"的方孝孺，希望由他来起草"即位诏书"。这份"即位诏书"，如果由建文旧臣、德高望重的方孝孺起草，可以起到意想不到的作用——洗刷篡逆的恶名。方孝孺这个"读书种子"偏偏不领情，宁折不弯，不为所动。他披麻戴孝来到宫中，为建文帝号啕大哭。

朱棣有些尴尬，讪讪地为自己辩解道：我是仿效周公辅佐成王。

方孝孺反问：成王在哪里？

朱棣回答：他自焚而死。

方孝孺追问：为何不拥立成王的儿子？

朱棣回答：国家仰赖年长的国君。

方孝孺紧追不舍：为何不拥立成王的弟弟？

朱棣被追问得理屈词穷，从座位上走下来，好言相劝：这是我们家的事，先生不必过于操心，即位诏书非先生起草不可。语气毫无商量的余地。

方孝孺在威胁利诱之下屈服了吗？当人们看到他拿起笔往纸上落下时，以为他要起草"即位诏书"了，全神贯注盯着看。方孝孺从容不迫地在纸上写了四个大字——"燕贼谋反"，把笔一丢，边哭边骂：死就死，诏书绝不起草！朱棣威胁道：难道你想快点死？难道不顾虑株连九族？方孝孺应声答道：即使株连十族，也奈何我不得！

朱棣恼羞成怒，下令武士把他的嘴割破，使他无法讲话，并关进监狱。然后四处逮捕他的亲族、朋友、门生，当着方孝孺的面，一一处死。历史上的株连九族，是指父族四、母族三、妻族二，株连十族是在九族之外加上朋友门生一族，是朱棣的一大发明。受到株连而死的有八百七十三人，充军边地而死者难以计数。他的妻子郑氏和两个儿子自缢而死，两个女儿投秦淮河而死。那些受株连的人显然是无辜的，他们的后裔经受了长期的凌辱。万历十三年，朝廷宣布大赦受方孝孺案牵连而充军者的后裔，竟然有一千三百人之多！

方孝孺本人被押往聚宝门外，凌迟处死，就义前留下了一首绝命诗：

天降乱离兮孰知其由？

1. 明英宗赐给将军李文的"免死铁券"。上刻"免其一次死罪"
2. 明成祖朱棣像
3. 锦衣卫木印
4. 位于今江苏南京的方孝孺墓

奸臣得计兮谋国用歔。

忠臣发愤兮血泪交流,

以此殉君兮抑又何求?

呜呼哀哉兮庶不我尤!

朱棣在惩处景清时又有一大发明,叫做"瓜蔓抄"。

景清是个奇人,《明史》说他"倜傥尚大节,读书一过不忘"。建文初年,他以都察院左都御史身份出任北平参议,燕王与他交谈,言论明晰,大为赞赏。不久,被召回都察院。南京陷落后,他与方孝孺等相约,以身殉国,后却向朱棣表示归顺之意,得以留任原官。此举颇受建文旧臣的非议,其实错怪了他。原来他想潜伏下来,乘机行刺朱棣。此事的案发,据《明史》所说,颇有一点戏剧色彩。主管天象的官员向朱棣报告:"异星赤色犯帝座甚急。"迷信天象的朱棣信以为真,立即怀疑景清图谋不轨。上朝时,他看到景清身穿红衣,神色异常,马上命人对他搜身,果然查获随身携带的凶器。景清奋起喊道:"欲为故主报仇!"当然,仇来不及报,就被处死了。

景清死得很惨,斩首后,还要剥皮。朱元璋当年为了"以重典驭臣下",搞了不少酷刑——刷洗、秤杆、抽肠、剥皮,听起来都汗毛凛凛。官吏贪赃银子六十两以上,先斩首,后剥皮。州县衙门左边的城隍庙,就是剥皮的刑场,剥下的皮囊塞进稻草,吊在旗杆上示众。朱棣下令把景清剥皮实草,悬挂于长安门。无巧不成书,朱棣的轿子经过长安门,悬挂皮囊的绳索忽然断了,景清的皮囊掉落在轿子前面,状如扑击,朱棣大吃一惊,下令烧毁。

一日,朱棣午睡,梦见景清手拿利剑追杀过来,吓得他出了一身冷汗。醒来后惊叹:想不到景清死了还这么厉害!下令诛杀他的九族以及乡亲,一共株连了几百人。他的乡亲全部被杀,村庄化为一片废墟。这就是令人毛骨悚然的"瓜蔓抄"。

"瓜蔓抄"并非孤立的事例。大理寺少卿胡闰,和齐泰、黄子澄昼夜策划军事,南京陷落后,不肯归附朱棣,与儿子一起被处死。他的家乡江西饶州城西硕辅坊,乡亲二百一十七人被牵连处死。吕毖《明朝小史》描写那里的惨状:"一路无人烟,雨夜闻哀号声,时见光怪。尝有一猿,独哀鸣彻晓。东西皆污池,黄茅白苇,稍夜人不敢行。"御史高翔颇有军事才干,朱棣闻名召见,高翔却穿了丧服前来,出言不逊。结果,除了本人处死,株连亲族之外,朱棣还搞了一点新花样。《明朝小史》写道:"帝没御史高翔田产,给诸百姓,皆加税,曰:'令世世骂高御史也。'又,发其先墓,杂牛马骨焚灰扬之,而以其地为漏泽园。"何其刻毒乃尔!

朱元璋时推行特务政治,胡惟庸案发两年后,即洪武十五年,在检校之外建立的锦衣卫,是一个由皇帝直接指挥的军事特务组织,掌管侍卫、缉捕、刑狱,凌驾于刑部、大理寺之上。它所设的监狱称为"诏狱",逮捕皇帝特批的人犯。处理胡惟庸党案、蓝玉党案,锦衣卫起了很大的作用。

朱元璋晚年意识到"法外加刑",使得人人自危,告诫他的继承者:"非守成之君所用常法。"有鉴于此,他取消了锦衣卫诏狱。朱棣登上皇帝宝座以后,把它恢复了。正如孟森所说,锦衣卫诏狱是"以意杀人","不由法司问拟,法律为虚设,此皆成祖之作俑也"。

不仅如此,朱棣还建立另一个特务组织——东厂。《明史·刑法志》说:"东厂之设,始于成祖。"朱棣在北平时,为了刺探南京情报,收买建文帝左右的宦官为耳目,即位以后,特别倚重宦官,东厂就是由宦官掌控的机构。从此厂卫横行,流毒无穷。《明史·刑法志》还说:"盖明世宦官出使、专征、监军、分镇、刺臣民隐事诸大权,皆自永乐间始。"毫无疑问,朱棣把特务政治推向了一个新高度。

十三、面向海洋的时代

郑和下西洋

明朝永乐三年(1405年)六月十五日(公历7月11日),郑和率领27 800多人,分乘208艘木制帆船,由太仓刘家港出发,开始了持续28年之久的下西洋的壮举,因此而彪炳于史册。他创造了世界航海史上的新纪录,曾到达亚洲、非洲三十多个国家和地区,航线之长、持续时间之久,在当时世界上无人可以与之比肩。

《明史·宦官传》对郑和身世的介绍只有很简单的一句话:"郑和,云南人,世所谓三保太监者也。"从其他史料人们才知道,他本姓马,名三保,父亲名叫马哈只。最有价值的史料是,永乐年间礼部尚书李至刚为他父亲所写的《故马公墓志铭》。

几十年来,现代史家根据马哈只墓碑、《郑和家谱》、《赛典赤家谱》的考证认为,马哈只、马三保父子,是元朝政治家、中亚布哈拉贵族赛典赤·赡思丁的后裔,也就是说,郑和是赛典赤的六世孙。那么,赛典赤何许人也?

《元史·赛典赤赡思丁传》说:"赛典赤赡思丁,一名乌马儿,回回人,别菴伯尔之裔,其国言赛典赤,犹华言贵族也。"据专家解释,"别菴伯尔之裔"专指伊斯兰教先知穆罕默德的后裔。如此说来,郑和应该是穆罕默德后裔的后裔。

美国《百科全书》关于郑和的家世有简明清晰的介绍:15世纪初期的中国将领郑和,几乎于葡萄牙人乘船绕过非洲抵达印度一百年前,就率领海军对印度洋做过七次远征。郑和为一名去麦加朝圣过的伊斯兰教徒(马)哈只之子,约在1371年生于云南省昆明,取名马三保。郑和家自称为一名早期蒙古的云南统辖的后代,并系布哈拉国王穆罕默德的后裔。马姓来源于中文对穆罕默德的音译。

1988年,明史专家周绍泉对此提出质疑,他在《郑和与赛典赤·赡思丁关系献疑》一文中,对《赛氏总族谱》、《赛典赤家谱》、《马氏家乘》、《故马公墓志铭》、《郑氏家谱》进行了考证,对郑和是赛典赤·赡思丁后裔的说法表示怀疑,认为"很可能出于中国人追祖名人的习惯心理,二者实无家系渊源"。百家争鸣是学术研究题中应有之义,对成说提出质疑,表明这个问题还可以继续讨论,但不见得就可以推翻成说。

随着研究的深入,郑和下西洋的谜团和争议逐渐露出水面。郑和船队的某些小分队是否到过澳洲、美洲,就是最为引人注目的话题。

郑和下西洋到过哪些地方？随行的马欢、费信、巩珍所写的《瀛涯胜览》《星槎胜览》《西洋番国志》以及《郑和航海图》，都有比较明确的记录，除了东南亚邻国，就是印度洋、阿拉伯、东非各国，诸如越南、柬埔寨、泰国、文莱、印度尼西亚、菲律宾、斯里兰卡、马尔代夫、孟加拉、印度、伊朗、也门、沙特阿拉伯、索马里、肯尼亚等国。

这是以往人们的共识。近些年来情况有了变化，某些西方学者认为，郑和船队的小分队，可能到达了澳洲，也可能绕过了非洲最南端的好望角，进入大西洋，甚至到达了美洲。对于这些新论，见仁见智，众说纷纭，是正常的现象。历史研究讲究实证，一切凭事实说话，我们不妨以冷静的态度来对待这种探索，不必匆忙下结论。正如明史专家南炳文所说：当前最为迫切需要搞清的问题之一，是郑和航海的活动范围，至于是否绕过好望角，进入大西洋，实现环球航行，应当进一步审核，确定真相。

目前看来，到达澳洲的可能性较大。

最早提出这一假说的是澳大利亚学者菲茨杰拉尔德（C.R.Fitzgerald），他在1950年代就发表文章《是中国人发现澳洲吗？》。近来，美国学者李露晔（Louise Levathes）关于郑和的专著《当中国称霸海上》，继续对此进行考证。1879年，在澳洲达尔文港附近的一颗两百年的榕树下，发现了中国道教三星之一——寿星的雕像，带有明代风格，可能是郑和船队带去的。而李露晔在中国文献中也找到一些蛛丝马迹：《星槎胜览》记载，郑和船队的船只曾经到过达尔文港北方的吉里地闷岛，就是今日的帝汶岛；《郑和航海图》中有一个叫做"哈甫泥"的地方,可能是南太平洋的科尔圭兰岛。这些迹象表明,郑和船队到达了南半球。

中国学者郑一钧的《郑和全传》也有类似的观点。另有中国学者推论,抵达澳洲的小分队,是郑和部下专门绘制航海图的杨敏率领的。永乐十一年四月初四,杨敏在安得蛮洋遭遇飓风,沿苏门答腊岛漂流南下,到了澳大利亚西海岸。几十年前,中西交通史专家向达在清初抄本残卷中发现有关"三宝信官杨敏漂流"的记载。近来发现的《太上老君说天妃救苦灵验经》中写道:"大明国奉圣内官杨敏……于永乐十一年四月初四日,行至安得蛮洋,遇飓风大作"云云。因此,有的学者把杨敏称为"澳洲大陆发现者"。

最为令人震惊的是,2002年3月英国学者孟席斯(Gavin Menzies)在英国皇家地理学会上发表他的研究成果:郑和的船队比哥伦布早72年到达美洲大陆,比麦哲伦早一个世纪实现了环球航行。2002年10月,他出版了专著《1421:中国发现世界》,全面论证郑和船队率先发现美洲"新大陆"的观点。他说,1421年3月,郑和率领107艘船第六次下西洋,11月,郑和率一支船队返回,其余船队由洪保、周满、周闻率领继续航行。他们绕过非洲南端的好望角,沿非洲西海岸到达大西洋佛得角群岛的圣安唐岛,沿大西洋赤道洋流向西航行,然后分道扬镳。洪保船队从佛得角抵达加勒比海、南美洲东岸,然后通过麦哲伦海峡,经澳洲西北海岸、爪哇返回中国。周满、周闻船队的航线稍有差异,但都到达美洲,然后环球航行,返回中国。

这些话听起来似乎有点匪夷所思,却并非信口开河。这位孟席斯不是历史学科班出身,是一名退役海军军官。令人敬佩的是,为了研究郑和航海事迹,他到过120多个国家的900多个博物馆收集资料,书中附录的几十幅历史地图,以及历史文物与遗迹的照片,就是其中的一部分。

孟席斯的观点引起了学术界的热烈争论,也成为新闻界的热点话题。毫无疑问,有人赞成,有人反对,针锋相对的争论还会继续下去。

中国卷入全球化贸易之中

15世纪末,葡萄牙人绕过非洲好望角进入印度洋,占领印度西海岸的贸易重镇果阿、东西洋交通咽喉马六甲,以及香料群岛。从1524年起,他们在中国东南沿海进行贸易。他们获得澳门贸易的许可,使澳门成为沟通东西方经济的重要商埠,也成为晚明中国在大航海时代与全球经济发生关系的中介。它的意义,不仅对于葡萄牙,而且对于中国,都是不可低估的。1580年代,澳门进入了黄金时代,一跃而为葡萄牙与印度、中国、日本贸易的重要枢纽港口。以澳门为中心的几条国际贸易航线把中国商品运向全球各地:

澳门—马六甲—果阿(印度)—里斯本(葡萄牙)航线;

澳门—长崎(日本)航线;

澳门—马尼拉(菲律宾)—阿卡普尔科(墨西哥)航线。

澳门的转口贸易,把中国卷入全球贸易的网络之中。葡萄牙人把中国的生丝、丝织品、黄金、铜、水银、麝香、朱砂、茯苓、瓷器等商品，从澳门运往果阿，其中数量最大的是生丝。从果阿运回澳门的商品有白银、胡椒、苏木、象牙、檀香等，而以白银为大宗，以至于当时的欧洲商人说，葡萄牙人从里斯本运往果阿的白银几乎全部进入了中国。葡萄牙人以澳门为中心来安排远东贸易，每年五六月份由果阿启航的商船，装载印度等地出产的香料以及墨西哥、秘鲁出产的白银抵达澳门，在澳门买进中国的生丝、丝织品、棉布等商品，于第二年前往日本。在那里换回日本的白银及其他商品，返回澳门，买进中国的生丝、丝织品、瓷器等，在第三年秋天返回果阿。

另一个值得注意的是，西班牙人以马尼拉为中心的大帆船贸易。1580年以后，西班牙殖民当局为运到马尼拉的以生丝、丝织品为主的中国商品找到了一条通往墨西哥的航路。此后二百多年，"马尼拉大帆船"横渡太平洋，前往墨西哥。这就是名闻遐迩的沟通马尼拉与阿卡普尔科的大帆船贸易。西班牙商人主要致力于同中国的广泛贸易。

随着"马尼拉大帆船"与"太平洋丝绸之路"的蓬勃发展，东南沿海的中国商人纷纷移民马尼拉，形成著名的"生丝市场"。史家评论说：马尼拉不过是中国与美洲之间远程贸易的中转站，"马尼拉大帆船"是运输中国货的大帆船。一部论述"马尼拉大帆船"的专著称：中国往往是大帆船贸易货物的主要来源，就新西班牙（按：指墨西哥及附近地区）的人民来说，大帆船就是中国船，马尼拉就是中国与墨西哥之间的转运站。在墨西哥的西班牙人无拘无束地谈论菲律宾的时候，犹如谈及中华帝国的一个省那样。马尼拉大帆船运去的中国商品,特别是生丝和丝织品,在墨西哥、秘鲁、巴拿马、智利都成了抢手货,并且直接导致西班牙美洲殖民地以本地蚕丝为原料的丝织业的衰落。

引人注目的是,无论葡萄牙、西班牙,还是后起的荷兰、英国,在与中国的贸易中,无一例外地都处于贸易逆差之中。正如西方学者弗兰克(Andre Gunder Frank)《白银资本》所说:"'中国贸易'造成的经济和金融后果是,中国凭借着在丝绸、瓷器等方面无与匹敌的制造业和出口,与任何国家进行贸易都是顺差。"他进一步发挥道:"16世纪的葡萄牙、17世纪的尼德兰(荷兰)或18世纪的英国在世界经济中根本没有霸权可言。"

"丝—银对流"的结果,是源源不断的白银资本流入中国。全汉昇从大量第一手资料中提炼出这样的结论:1571年至1821年间,从美洲运往马尼拉的白银,共计四亿西元(比索),其中二分之一或更多一些经过贸易途径流入了中国。弗兰克的研究结论是:16世纪中期至17世纪中期,中国通过"丝—银"贸易,获得了世界白银产量的四分之一至三分之一。这无疑是前近代中国颇为耀眼的辉煌。

耶稣会士跨海东来

随着欧洲商人的步伐,天主教耶稣会士远渡重洋,来到东南亚,通过澳门这个中西经济文化交流的渠道,进入中国。他们在传教的同时,向中国人特别是士大夫传播文艺复兴以来先进的欧洲科学文化,不仅使中国在文化上融入世界,而且培养了第一批"放眼看世界"的先进中国人。

耶稣会士前来中国传教,总是先到澳门,寓居圣保禄教堂(俗称三巴寺),学习中文及中国文化。被誉为"中国传教事业之父"的范礼安(Alexandre Valignani)、中国传教事业实际开创者罗明坚(Michel Ruggieri)、被中国士大夫称为"西儒利氏"的利玛窦(Matteo Ricci),都是如此。

意大利人利玛窦,十九岁加入耶稣会,精通天文、数学、神学,经由印度果阿来到澳门。1583年,他与罗明坚在广东肇庆建立第一所天主教堂,掀开东西方文明接触的新篇章。为了让士大夫乐意接受,他尽量把天主教教义与儒家学说相比附,找到其中的共同性,博得士大夫的好感和崇敬。他写的《天主实义》,在《圣经》与"四书五经"之间求同存异,徐光启说,他读了《天主实义》以后,竟然没有发现天主教与儒学有任何抵触之处。他的传教活动取得了极大的成功,瞿太素、冯应京、徐光启、李之藻、杨廷筠等知名人士先后皈依天主教,他也得到了沈一贯、曹于汴、冯琦、李戴等官僚的支持,使他能够破天荒地进入北京,并且在北京建造教堂。

利玛窦在中国居留二十八年,绘制了多种世界地图,其中影响最大的,是万历三十年(1602年)由李之藻为之刊印的《坤舆万国全图》。它打破了中国传统的"天圆地方"观念,开拓了士大夫的视野:天朝大国原来在世界上仅占区区一角。这改变了中国人的世界观。这种世界地图把地处远东的中国画在最东面的边缘,这使得一向以"中央之国"自居的中国人难以接受。利玛窦为了迎合"中央之国"的观念,把子午线向西移动170度,使中国正好出现在地图中央。目前中国出版的世界地图,中国居于世界中央,就是利玛窦发明的权宜之计,想不到沿用了几百年而不改,与其他国家的世界地图截然不同。

皈依天主教、教名保禄的徐光启,在北京与利玛窦频繁交往,在探讨教义之余,努力学习西方科学文化。他们两人合作翻译欧几里得几何学教科书,这就是利玛窦口授、徐光启笔录的《几何原本》六卷。此书的价值除了弥补中国传统数学的不足之外,更重要的是引进了一种科学思维与逻辑推论方法,正如徐光启在序言中所说,可以"祛其浮气,练其精心"。

崇祯二年(1629年),朝廷任命礼部侍郎徐光启修订历法。徐光启聘请耶稣会士龙华民、邓玉函、罗亚谷、汤若望等人参加,编译成137卷的巨著《崇祯历书》,详细介绍了第谷、托勒密、哥白尼、开普勒等人的天文学知识。清初,由汤若望加以删改,以《西洋新历法》为题,颁行于世。它的意义在于,使得中国从此告别传统历法,开始迈入近代天文学的门槛。

西学东渐是多方面的。1614年耶稣会士金尼阁返回罗马教廷述职,募集到各类图书7 000册,运回中国。这批图书中的一部分翻译成中文,通过各种途径流布于全国各地,向中国人宣传西方科学、文化、宗教。它们大部分保存在天主教北堂图书馆,现今仍可在国家图书馆看到其身影。这些被圈内人士称为"摇篮本"的西方古籍,即使在欧洲也极为珍稀,它们印证了西学东渐的一段佳话,令人缅怀、感慨。

十四、晚明的改革与党争

"嫌怨有所弗避"的张居正改革

早在隆庆年间(1567—1572年),内阁大臣张居正就在《陈六事疏》中阐述了治国理念与改革主张,强调"谋在于众,断在于独"。他成为内阁首辅以后,立即展开雷厉风行、大刀阔斧的改革,从万历元年持续到万历十年病逝,始终本着"嫌怨有所弗避,劳瘁有所弗辞"心态,革故鼎新。

首先进行的,就是以"考成法"为中心的政治改革,重点是整顿吏治,清除官场的颓靡之风。

长期以来,官员们沉溺于安逸,官场污泥浊水日积月累,官僚主义、文牍主义泛滥,使得朝廷的威福权柄成为互相酬谢报答的资本。对于吏治的败坏,海瑞概括为八个字:"一味甘草,二字乡愿。"意思是说,官员们不肯尽心治理国家,开出的药方是"一味甘草"——吃不死人,也治不好病;他们不求有功,只求无过,奉行明哲保身的"乡愿"哲学。

在张居正看来,不对此痛加针砭,力挽狂澜,新政根本无从谈起。万历元年(1573年)六月,他提出了整顿吏治的有力举措——考成法,规定:凡是六部等中央政府部门,把各类公文以及皇帝谕旨,转发给地方政府各衙门,规定处理程序与期限,都要办理注销手续。至于朝廷要求覆勘、议处、查核等事项,必须另外编制处理文册,一份送六科注销,一份送内阁查考。在这个流程中,如果省级官员拖延耽搁,由六部举报;如果六部在注销时弄虚作假,由六科举报;如果六科在向内阁报告时,有隐瞒欺骗,由内阁举报。

总的说来,成效是显著的。当时人说,推行考成法,造成雷厉风行的气氛——"大小臣工,鳃鳃奉职,中外淬砺,莫敢有偷心",说明在强大的政治压力下,任何根深蒂固的积弊都是可以改变的。

从宏观视野来看,考成法只是整顿吏治的一个方面,在张居正心目中,整顿吏治包括"公铨选"、"专责成"、"行久任"、"严考察"各个方面,考成法仅仅是"严考察"题中应有之义。

万历新政从政治改革入手,意在扭转颓靡的官场风气,营造合适的氛围,有令必行,有禁必止,从制度与人事方面保障财政经济改革的顺利进行。

财政经济困难由来已久,嘉靖、隆庆的几十年间,几乎年年出现财政赤字,年年亏空。为了摆脱困境,开源与节流双管齐下,张居正提出"不加赋而上用足"的理财方针,具体化为两点:"惩贪污以足民"和"理逋负以足国",也就是杜塞贪污与逃税两大漏洞,使财政收入步入正常轨道,不必加税,财政收入自然增加。

改革力度最大的是清丈田粮,就是丈量耕地与清理赋税,其关键在于改变"豪民有田无粮,穷民无田有粮"的状况。万历六年,张居正通令全国,在福建省首先试行"清丈田粮",目的是改变"田粮不均,偏累小民"的状况,所以又叫做"丈地亩,清浮粮"。万历八年九月,福建的清丈工作完毕,清查出隐瞒逃税耕地二十三万亩。也就是说,不必增加赋税,只要把隐瞒逃税的那部分征收上来,就可以增加国库收入。此后清丈田粮的工作向全国推广,各省都查出了数量巨大的隐匿田地——规避赋税的田地。从全国来看,清查出隐匿逃税田地一亿八千万亩,与清丈前的田地总面积五亿一千八百万亩相比较,增加了35%左右。这个35%的耕地并不是凭空冒出来的,也不是新开垦的荒地,而是清查出来的隐瞒田地。

如此大的动作,阻力之大是可想而知的,只有在张居正这样的铁腕宰相的主持下才能展开。他自己也意识到这一点,在给山东巡抚的信中说:"清丈之议,在小民实被其惠,而于官豪之家,殊为未便。"又说:"清丈事实百年旷举,宜及仆在位,务为一了百当。"表明他对此项改革措施的重视,只有凭借他的权力与威望,才能顺利完成,才能"一了百当"。

另一财政经济改革,是把南方部分地区实行的一条鞭法推广到全国各地。"一条鞭"又叫"一条鞭编审"或"一条编",它的创造性贡献在于,把赋税(夏税、秋粮)与徭役(正役、杂役)

都折算成货币——白银来缴纳。这样就使得原先十分复杂的赋役征收方式——一个是以粮食为主的实物,一个是劳动力本身,统一为货币,对于地方政府而言,可以简化征收方法,合并为一次征收,仿佛把几股麻绳编为一条鞭子,所以叫做一条鞭。更值得注意的是,一条鞭法开始把一部分人丁负担分摊到田亩上,为清朝的"摊丁入地"奠定了基础。

张居正在财政经济方面的改革,成效是显著的,不仅消灭了赤字,而且有所盈余。《明实录》说,中央政府的仓库储存的粮食几年都吃不完,积余的银子达到四百万两。万历时期成为明朝最为富庶的几十年,绝不是偶然的。

"威权震主,祸萌骖乘"

万历元年明神宗朱翊钧即位时,还是一个虚岁十岁的孩子,皇太后把朝政交给张居正的同时,也把教育小皇帝的责任交给了他。因此张居正身兼二职:首辅与帝师。皇太后为了配合张居正的调教,对小皇帝严加看管,动辄谴责:"使张先生闻,奈何?"在太后与皇帝心目中,张先生地位与威权之高,可想而知。沈德符《万历野获编》说,张居正把皇帝与政府的事权集于一身,成为明朝权力最大的内阁首辅。这一点张居正自己并不否认,经常对下属说:"我非相,乃摄也。"那意思是,他并非一般意义的丞相,而是摄政——代帝执政。无怪乎官员们要把他比作"威君严父"。

万历六年，张居正回江陵老家安葬亡父时，一天之内收到皇帝三道诏书，催促他早日返京。湖广官员以为是地方的无上光荣，特地为他建造"三诏亭"，以资纪念。张居正在给湖广巡抚的信中谈起"三诏亭"，感慨系之而又意味深长地说：一旦形势变化，我连居所都成问题，三诏亭不过是"五里铺上一接官亭"而已。他忧心忡忡地联想到历史上"威权震主"的汉朝霍光、西魏宇文护的悲剧下场。

万历八年，皇帝十八岁，独立治理朝政的条件成熟了，张居正辅佐幼主的任务可以告一段落了。他向皇帝提出"归政乞休"的请求，在奏疏中说：臣受命以来，每日每夜都战战兢兢，不避嫌怨，不辞劳瘁。由于积劳过度，形神疲惫，气血早衰，日渐昏蒙，如不早日辞去，恐怕前功尽弃。于是他写下了令人惊讶的警句："高位不可以久窃，大权不可以久居。"他想全身而退，皇帝对此没有思想准备，毫不犹豫地驳回张居正的"乞休"请求。

两天后，张居正再次"乞休"，进一步向皇帝袒露心迹：自从隆庆六年至今，"惴惴之心无一日不临于渊谷"——每一天都惴惴不安，如临深渊，如履薄冰。他退而求其次，不再请求辞职，而是请假——"暂停鞭策，少休足力"。皇帝多年来养成的习惯，一切听凭皇太后和张先生安排，他把张先生"请假"的事，报告太后，请她决断。没有料到太后的态度是恳切地挽留张先生，对儿子说："待辅尔到三十岁，那时再作商量。"

对于张居正而言，既然尊敬的皇太后已经发话："今后再不必兴此念"，再提"乞休"就显得不识时务，除了鞠躬尽瘁，没有别的选择。

万历十年六月,张居正病危,不得已再次向皇帝提出"乞骸骨归里",希望能够活着叶落归根,回到家乡江陵。皇帝没有同意,一再挽留。

万历十年(1582年)六月二十日,太师兼太子太师、吏部尚书、中极殿大学士张居正病逝,享年五十八岁。七月二十九日,司礼监太监陪同张母赵氏一行,护送张居正灵柩南下。据《明实录》记载,护送灵柩的队伍分别乘坐七十多艘船只,雇用船夫三千多人,船队前后绵延十多里,浩浩荡荡向江陵进发。当年他南下归葬亡父的豪华排场,人们已经见识过了;如今再次见识到类似的排场。不过前者炫耀的是辉煌的张居正时代,后者却在哀伤:辉煌的张居正时代已经悄然落幕。

以后事态的发展是人们难以预料的。张居正的去世,使得明神宗的亲政提前到来,为了树立自己的威权,必须肃清张居正"威权震主"的影响。一些官僚投其所好,纷纷弹劾张居正的盟友、司礼监掌印太监冯保。皇帝朱笔批示,冯保"欺君蠹国",本来应当处死,念他是先皇托付的顾命大臣,从宽发落,发配南京去赋闲养老。接下来,那些见风使舵的官员把弹劾的矛头指向张居正,揭发他的种种劣迹。皇帝翻脸不认人,亲笔写下这样的结论:"张居正诬蔑亲藩,侵占王坟府第,钳制言官,蔽塞朕聪……专权乱政,罔上负恩,谋国不忠。本当断棺戮尸,念效劳有年,姑免尽法追论。"不必"断棺戮尸",抄家绝不可免,下令司礼监太监与刑部侍郎前往江陵,查抄张府,从政治上彻底否定了张居正。

这一举动留下了严重的政治后遗症。官场中党派林立,门户之见日甚一日,互相倾轧不遗余力。当时的吏科给事中张延登向皇帝上疏剖析党争时指出:官员们互相攻击,不是说"苏脉"、"浙脉",就是说"秦党"、"淮党",种种名色,难以尽述。

东林书院与东林党

万历二十二年(1594年),吏部员外郎顾宪成,因议论"三王并封"和会推阁员事宜,与内阁大佬意见不合,被革职为民,回到家乡无锡。他的兄弟顾允成、朋友高攀龙,也脱离官场回到无锡。他们与士子们一起讲求学问。万历三十二年,顾、高等得到常州知府、无锡知县的支持,恢复宋代大儒杨时的讲学场所,这就是以后名噪一时的东林书院。

顾宪成为东林书院草拟的院规,仿效朱熹白鹿洞书院的学规,强调尊重儒家经典,以"孔子表彰六经,程朱表彰四书"为榜样,纠正"六经注我,我注六经"的不良风气。

东林书院的日常功课与议论焦点,不在政治,而在学术。影响巨大的东林讲会,每年一次的大会,每月一次的小会,并不像以往人们想象的那样,似乎是群情激昂地抨击朝政。那么,东林书院到底议论些什么呢?

东林书院的"会约"明确规定:"每会推一人为主,主说'四书'一章,此外有问则问,有商量则商量。"事实上也是如此,大家聚集在一起,研读《论语》、《孟子》、《大学》、《中庸》中一章,

1	2
3	4

1. 明万历帝像
2. 位于今湖北荆州的张居正墓地
3. 位于今江苏无锡的东林书院
4. 位于今苏州山塘街的五人墓（安葬明代苏州市民反魏忠贤斗争中英勇就义的五义士）

互相切磋,加深理解。顾允成每一次进入讲堂,侃侃而谈,远必称孔子、孟子,近必称周敦颐、程颐、程颢;如果有人发表"新奇险怪之说",他立即脸色大变,严词拒绝。由此可见,东林讲会并非人们所想象的那样,群情激昂地抨击朝政,而是书生气十足地研讨"四书",从孔孟一直谈到程朱。

其中缘由是可以理解的。顾宪成、高攀龙等人罢官下野,对于政坛的争斗已经厌倦,摆脱喧嚣,归于宁静,以创办书院来寄托心志,只谈学问,不谈政治。万历三十六年,皇帝下达圣旨,任命顾宪成为南京光禄寺少卿,希望他出山为朝廷效力。顾宪成立即写了辞呈,表面的理由是"目昏眼花,老态尽见",深层的理由是早已进入深山密林,不再关心朝廷的"安危理乱"。他在给挚友李三才的信中流露了这种心声:日出而起,日中而食,日入而寝,专注于诗书文字,"门外黑白事寂置不问","应酬都罢,几如桃花源人,不复闻人间事"。在这一点上,他与高攀龙是默然契合的。高攀龙说:"世局如此,总无开口处,总无著心处,落得做个闲人。"因此,东林书院的院规,明确禁止"评有司短长","议乡井曲直"。

长期以来,人们用"以今律古"的心态去理解东林书院,把它误解为一个议论政治的讲坛、改革政治的团体,甚至把它误解为一个政党。确实,当时曾经有过"东林党"的说法,问题是,此党非彼党,它究竟是政党,还是朋党?中国历史上经常见到"党",如东汉的"党锢之祸"、晚唐的"牛李党争"、南宋的"伪学逆党",无一例外都是朋党,或者是被诬陷为朋党的。东林党也不例外。黄仁宇在《剑桥中国明代史》第九章写到"东林书院和朋党之争"时明确指出:"东林党不是这个用语的现代意义的政治党派。翻译为'党派'的'党'字有贬义,在意义上更接近诸如'派系'、'宗派'或'帮伙'一类的词。成员的身份没有固定的标准,开始时,'党人'从他们的敌人得到这个称号。"这是对于史料有了精深理解之后的准确表述。

其实东林无所谓"党","党"是它的政敌强加的。万历四十五年五月,顾宪成在一片诽谤声中与世长辞,触发了正直人士为他辩护的激情。以讲学为宗旨的东林书院被看作一个"党",无异于重演南宋禁锢朱熹书院讲学的"伪学逆党"之禁。当时有的官员忧心忡忡地指出,"伪学逆党"之禁是不祥之兆——"伪学之禁网益密,宋之国祚亦不振"是前车之鉴。

不幸被言中,以后的党争愈演愈烈,终于导致国祚不振。

"阉党"专政

所谓"阉党",其实并不是什么"党",而是天启年间(1621—1627年)司礼监太监兼东厂总督太监魏忠贤为首的帮派。魏忠贤这个太监头子,掌控宫廷内外大权,利用皇帝的昏庸,网罗亲信,结帮拉派。《明史·魏忠贤传》说,太监中有王体乾、李永贞、涂文辅等三十多个亲信骨干;文臣中有政府高官崔呈秀、田吉、吴淳夫、李夔龙、倪文焕为之出谋划策,号称"五虎";武官中有掌管锦衣卫等特务部门的田尔耕、许显纯、孙云鹤、杨寰、崔应元专门镇压反对派,号称"五彪";又有吏部尚书周应秋、太仆寺少卿曹钦程等,号称"十狗";此外还有"十孩儿"、"四十孙"等爪牙,盘踞各个要害部门。从内阁、六部到各省总督、巡抚,都有魏忠贤的死党。这个死党,就是人们通常所说的"阉党",以专权乱政为能事,把政局搞得一团糟。

天启四年(1624年),都察院左副都御史杨涟挺身而出,向明熹宗进呈长篇奏疏,弹劾魏忠贤,列举二十四条罪状,掀起声势汹涌的"倒魏"风潮。杨涟果然是一个"大刀手",明知山有虎,偏向虎山行,他的弹劾奏疏尖锐泼辣,无所顾忌,指责魏忠贤依仗皇帝宠幸,作威作福,专权乱政,恳请皇上立刻予以查办。为此,他揭发二十四条罪状,希望置魏忠贤于死地:

——假传圣旨,三五成群勒逼喧嚷,致使朝堂成为喧闹的集市,败坏了祖宗二百余年的政体;

——一手操纵朝廷增补阁员的头等大事,排斥先进分子,安插亲信,企图形成"门生宰相"的局面;

——勾结奉圣夫人客氏(皇帝的奶妈),联手害死皇后所生的长子,假传圣旨勒令怀孕的妃子自尽,致使皇帝无嗣绝后;

——利用东厂,假公济私,陷害忠良,网罗密布,官民如有片言违忤,立即逮捕,关入东厂严刑逼供,比当年权阉汪直的西厂有过之而无不及;

——祖宗法制,宫内不许屯驻军队,原有深意,魏忠贤在宫内擅自组建称为"内操"的军队,究竟意欲何为?

在奏疏的末尾,杨涟写下了这样的警策之句:"掖廷之内知有忠贤,不知有皇上;都城之内知有忠贤,不知有皇上;即大小臣工……亦不觉其不知有皇上,而只知有忠贤。"有鉴于此,他劝谏皇上："生杀予夺岂不可以自主,何为受制幺麽小丑?"希望皇上立即把魏忠贤就地正法,把奉圣夫人客氏驱逐出宫。

杨涟的大无畏精神极大地鼓舞了正直官员的斗志,掀起了声势浩大的"倒魏"浪潮,左光斗、魏大中、高攀龙、魏大中、黄尊素等人接二连三弹劾魏忠贤。不可一世的魏忠贤毕竟心虚,不得不向皇帝提出辞去东厂总督太监之职,然后示意内阁大学士魏广微草拟一道圣旨,予以挽留。风声一过,便疯狂反扑,大开杀戒,先后有"六君子之狱"、"七君子之狱"。官场上下一片肃杀恐怖气氛。

与此形成鲜明对照的是,拜倒在魏忠贤脚下的无耻官僚,演出了一幕幕个人崇拜的丑剧。标志性事件是为他建造生祠。始作俑者是浙江巡抚潘汝桢,他在天启六年(1626年)向皇帝建议,应该为功德无量的魏忠贤建立生祠,永久纪念。皇帝还特地为生祠题写"普德"匾额,用明白无误的姿态为生祠运动推波助澜。短短一年中,一共建造了魏忠贤生祠四十处。值得注意的是,生祠之内供奉的魏忠贤"喜容"(偶像)完全是一副帝王相;在他的身边悬挂着镏金的对联,写着这样的溢美之词:"至圣至神,中乾坤而立极;乃文乃武,同日月以长明。"硬要把一个政治小丑打扮成"至圣至神"模样,如同乾坤日月一般,可见对魏忠贤的个人崇拜已经发展到了如痴如醉的地步了。

魏忠贤的"无上名号"愈来愈多,愈来愈离奇,有什么"厂臣"、"元臣"、"上公"、"殿爷"、"祖爷"、"老祖爷"、"千岁"、"九千岁"等。把"千岁"、"九千岁"这些皇室勋戚的尊称用于一个太监,已经够出格了,然而魏忠贤似乎还不满意。因而有些人干

十四、晚明的改革与党争

脆叫他"九千九百岁爷爷"。如果明熹宗不是在天启七年死去，对魏忠贤的个人崇拜将会发展到何种地步，是难以预料的。

由于明熹宗绝嗣，由他的弟弟信王朱由检继位（即明思宗），首先遇到的棘手问题，就是如何处置专擅朝政、气焰嚣张的魏忠贤。在与魏忠贤的较量中，朱由检显示了独特的胆识、魄力和韬略，即位不到三个月，就干净利落地除掉了元凶魏忠贤，以及他的帮凶，进而清查"阉党逆案"。崇祯二年（1629年）以皇帝谕旨形式公布"钦定逆案"名单，惩处阉党分子三百多名，除首恶魏忠贤、客氏已明正典刑外，其中"首逆同谋"崔呈秀等六人斩首，"交结近侍"田吉等十九人斩首。

十五、明清鼎革之际的国家与社会

复社与《留都防乱公揭》

科举时代,士子们热衷于"制艺",即应试的本领,寻师觅友,互相切磋,形成小圈子,称为文社。

天启四年(1624年)成立于常熟县的应社,就是其中的佼佼者。它由杨廷枢创立,以研讨"五经"为宗旨,张溥、朱隗主攻《易经》,杨彝、顾梦麟主攻《诗经》,周铨、周钟主攻《春秋》,张采、王启容主攻《周礼》,杨廷枢、钱旃主攻《尚书》。这些人都是一时名流,影响巨大,各地士子遥相呼应。前来会合的有嘉兴的孙淳、吴应箕,泾县的万应隆,芜湖的沈士柱,宣城的沈寿民等,使得这个地方性社团声名远扬。因此,清初学者朱彝尊说,晚明文社风气之盛,应社是一个重要开端。

崇祯初年成立于松江的几社,似乎有后来居上的态势,大名鼎鼎的"几社六子"——杜麟征、夏允彝、周立勋、徐孚远、彭宾、陈子龙,个个都是青年才俊。这些名士把他们的文社称为"几社",带有振兴儒学的意味,正如杜登春《社事本末》所说:"几者,绝学有再兴之几。"由于王学末流的影响,知识分子"束书不观"、"游谈无根",儒家经学似乎成了"绝学",所以要"再兴"。这与应社提倡研讨"五经"文本,后来复社提倡"兴复古学"的宗旨,不谋而合。

以后应社、几社与复社联合,组成一个社团联合体,有内在的有机联系。

闻名遐迩的复社有两个含义,其一是作为众多文社之一的复社,其二是作为众多文社联合体的复社。朱彝尊《静志居诗话》说,崇祯初年,复社成立于吴江县,由于各个文社"统合于复社",复社成为"合诸社为一"的联合体。

崇祯二年,名士张溥在吴江知县熊开元支持下,在尹山召开复社成立大会,与会者遍及各地,除了苏州府、松江府一带,旁及宣城、宁国、绍兴、宁波,远至湖广、江西、山西、陕西。张溥在会上宣布复社的宗旨是"兴复古学","务为有用"。

崇祯三年(1630年)乡试,复社成员杨廷枢、张溥、吴伟业、陈子龙、吴昌时等纷纷中举。次年会试,吴伟业、张溥、夏日瑚、杨以任、马世奇等人相继进士及第。按照规定,会试的主考官应当由内阁次辅担任,内阁首辅周延儒为了扩大自己的势力,破例担任主考官,引起内阁次辅温体仁的不满。按科举考试一向的惯例,考生与主考官之间结成门生与座主的关系,进士及第的复社诸君子,因此成为周延儒的门生,与日后卷入政治纷争埋下伏笔。

崇祯六年复社在苏州虎丘召开大会时，内阁首辅温体仁的弟弟温育人希望加入复社，以缓和复社与温体仁之间的矛盾。复社领袖张溥对于排挤周延儒、嫉贤妒能的温体仁极为蔑视，不屑与之为伍。温育人恼羞成怒，雇人编了《绿牡丹传奇》，影射复社名士。此后，事件虽然平息，却为温体仁及其党羽迫害复社诸君子开启了先例。

复社最为辉煌的一笔，是揭露"阉党逆案"人物阮大铖的斗争。阮大铖此人小有才华，但心术不正，天启年间投靠魏忠贤，崇祯初年受到清查，以"交接近侍"罪，被剥夺官职，永不叙用。不甘寂寞的他来到南京，周游于文人身边，出没于优伶之中，写了《春灯谜》《燕子笺》等剧本，献演于舞台。他与风流倜傥的复社名士侯朝宗（方域）有世交，想通过他拉拢复社名士，因此不惜重金，撮合侯朝宗与秦淮名妓李香君的恋情。

当时许多复社名士聚集南京，秦淮河、雨花台、桃叶渡一带都有他们的踪影。著名的晚明四公子——桐城方以智（密之）、阳羡陈贞慧（定生）、如皋冒襄（辟疆）、归德侯方域（朝宗），以及东林遗孤周茂兰（周顺昌之子）、黄宗羲（黄尊素之子）、顾杲（顾宪成之孙）等，都在南京。他们对于"阉党逆案"中人阮大铖企图东山再起，有所警惕。崇祯十一年，复社名士吴应箕与顾杲谈及此事，顾杲表示，不惜身死也要为南京除此大害。于是，吴应箕在陈贞慧家中起草声讨阮大铖的檄文。次年，复社人士利用金陵乡试之机，在冒辟疆的淮清桥桃叶渡寓所召开复社大会，正式发表《留都防乱公揭》。在公揭上签名的有142人，由顾杲、黄宗羲领衔。文章写得慷慨激昂："（顾）杲等读圣人之书，附讨贼之义，志动义慨，言与愤俱，但知为国除奸，不惜以身贾祸……杲亦请以一身当之，以存此一段公论，以塞天下乱臣贼子之胆！"

阮大铖遭此迎头痛击，从此隐匿于南京郊外牛首山。

崇祯十七年三月十九日，崇祯皇帝在煤山（景山）自缢，明朝宣告灭亡。凤阳总督马士英拥立福王朱由崧，在南京建立弘光小朝廷。马士英排挤史可法等清流派官员，想起用阮大铖与之搭档，控制南京政坛。马士英为了消除《留都防乱公揭》的巨大影响，想到了硕果仅存的东林巨子钱谦益，利用钱谦益在政坛长期不得志而急于谋求升迁的心态，要挟他以东林领袖的身份为阮大铖等"阉党逆案"人物翻案。果然，新任南明礼部尚书钱谦益按照马士英的要求写了奏疏，强调"不复以党论异同"，就是说，不要再谈什么"东林党"、"阉党"，只要是人才都可以任用，公然声称阮大铖之流都是"慷慨魁垒男子"。

阮大铖出任南明兵部侍郎以后，并没有像钱谦益所说的那样捐弃前嫌，而是立即打击报复参与《留都防乱公揭》的名士们。他效法魏忠贤对付"东林党"的手法，炮制黑名单，牵连953人，企图把东林、复社人士一网打尽。南明弘光小朝廷之所以犹如昙花一现，迅即分崩离析，与马士英、阮大铖的倒行逆施不无关系。

崇祯：攘外与安内的两难选择

崇祯九年（1636年），努尔哈赤之子皇太极即位，改国号为大清，建立与明朝相抗衡的清朝。而爆发于陕北的农民起义，此时已经形成以李自成、张献忠为首的两大反明武装集团，驰骋中原。崇祯皇帝和他的朝廷，必须面对"攘外"与"安内"的两难选择。

就在这一年六月，满洲铁骑突破长城要塞喜峰口，七月初，北京戒严，朝廷下令征调在郧西讨伐农民军的卢象升，以兵部侍郎的身份出任宣大（宣府、大同）总督，把军事重点由"安内"转向"攘外"。

危机度过后，兵部尚书张凤翼畏罪自杀，皇帝夺情起复"丁忧"在家的前任宣大总督杨嗣昌，出任兵部尚书。杨嗣昌的施政纲领的精髓就是一句话："必安内方可攘外。"听起来似乎有些突兀，其实是一个传统话题，远的且不说，张居正在谈到"固邦本"问题时，就明确提出："欲攘外者必先安内。"杨嗣昌再次强调这一点，是有针对性的。满洲铁骑南下的"外患"，与正在蔓延的"流寇"驰骋中原的"内忧"，两者之间究竟孰轻孰重，是战略决策不可回避的抉择。杨嗣昌的结论是：边境烽火出现于肩臂之外，乘之甚急；流寇祸乱活跃于腹心之内，中之甚深。急者固然不可以缓图，而深者更不可以忽视。之所以说"必安内方可攘外"，并非缓言攘外，正因为攘外至急，才不得不先安内。

看得出来，皇帝对此是颇为欣赏的，也是大力支持的。因此杨嗣昌的攘外必先安内方针取得了明显的成效，张献忠等部农民军陆续接受招抚，李自成等部农民军在潼关南原遭受重创，几乎全军覆没。"十年不结之局"似乎可以看到尽头了。

与此同时，杨嗣昌为了全力对付内乱，向清朝方面施放和

十五、明清鼎革之际的国家与社会

谈气球。清方表示,如果确实愿意和谈,立即撤兵东归;如果不愿和谈,夏秋必有举动。杨嗣昌为此向皇帝说明:必须用和谈换回边境三年平静,方可集中力量一举平定内乱。皇帝没有明确表态,大臣们群起而攻之,终于使得杨嗣昌的计划落空。皇太极既然有言在先:"若不许,夏秋必有举动。"果然,九月间满洲铁骑越过长城墙子岭、青山口南下。不久,北京戒严,皇帝征调洪承畴、孙传庭保卫京师。再度把重点由"安内"转向"攘外"。

此后,朝廷始终在攘外与安内的两难选择中摇摆不定,犹豫不决。把威震陕豫的陕西三边总督洪承畴、陕西巡抚孙传庭调往北方边防,使得杨嗣昌精心策划的对付李自成、张献忠的"十面张网"战略功亏一篑。乘中原空虚之机,李自成由商洛山区挺进河南,张献忠在湖广谷城起兵,转战湖广、四川,明朝从此在"安内"方面丧失主动权。

"攘外"也不见得有什么起色。蓟辽总督洪承畴奉旨率领十三万精兵,于崇祯十二年五月出山海关,解锦州之围。洪承畴本拟打一场持久战,无奈兵部企求速战速决,终于导致全线崩溃。崇祯十五年正月初一,元旦朝贺完毕,兵部尚书陈新甲秉承内阁的决定,向皇帝提出"款建虏"(与清朝和谈)的建议。皇帝鉴于松山、锦州的困境一筹莫展,委婉的表示同意:"可款则款,不妨便宜行事。"陈新甲得到皇帝的旨意,立即派遣马绍愉以二品官衔的身份前往宁远,与清朝谈判。

朝廷原本考虑到中原"寇势正张",意欲"以金币姑缓北兵,专力平寇"。这种委曲求全的低声下气,显然有损天朝的威仪,为了不节外生枝,谈判是秘密进行的。不料,由于一个非常偶

明翰林院庶吉士西銘張公墓誌銘

國家詞林之重二百陸十年矣承明起草華蓋
虹中視自非是者此其雖榮敎已衰之際
闕一少變主大常至崇禎而邊撫守官寄
其大吉為失而歲謂三代以上無書好讀書者
非甚必迁鳴嘩誠吾迁則捨書如可六歲之説
何稱爲崇禎草末廢堂之遲有張曰銘先生
諱溥字天如天如之名滿天下無其名者至蒋以
入告鳴噫士大夫不讀書又羅天下之讀書者
不編名又以名爲廳拧天下浮使渾淪爲耐搏先
祝之凱章邢而凶歐蘇則傅歲學古之偽膚
廟有以也予性頑且鄙宵而見書即戴見不
復記憶然且以直言費羅九折義先天如説口吶
㳻默不喜持論予謂是一先生斑當以文擴書

1. 张溥墓志铭（明黄道周书）
2. 崇祯朝服像
3. 修建于1955年的湖北通城九宫山李自成墓

然的疏忽,事机泄漏,舆论顿时哗然。内阁首辅周延儒不肯挺身承担责任,皇帝出尔反尔,把此次和谈的责任全部推到陈新甲身上,把他逮捕法办,成为替罪羊。平心而论,朝廷授权陈新甲秘密与清朝和谈,在当时内外交困的形势下,不失为权宜之计,对内对外都是利大于弊的。

此后,明朝君臣在"攘外"与"安内"的两难选择中,已经束手无策,直至土崩瓦解。

并非亡国之君的亡国悲剧

崇祯十七年(1644年)初,李自成在西安称王,国号大顺,年号永昌,正式表明分庭抗礼、取而代之的政治动向,他的军队从陕西渡过黄河,横扫山西。崇祯皇帝朱由检在御前会议上,面对即将到来的灭顶之灾,显得悲凉而无奈,向大臣们道出了思虑已久的心里话:"朕非亡国之君,事事乃亡国之象。祖宗栉风沐雨之天下,一朝失之,将何面目见于地下?"

"朕非亡国之君",寥寥六个字,是对"无可奈何花落去",内心有所不甘的自然流露。在明朝十七个皇帝中,他是可以和太祖、成祖相提并论的励精图治的皇帝。清朝国史馆编纂的《明史》对他的评价就很不错:"在位十有七年,不迩声色,忧勤惕厉,殚心治理。"可见他的自我评价——"朕非亡国之君",并不是文过饰非的夸张之词。人们只能感叹他生不逢时。

朱由检自己多次说:"朕自御极以来,夙夜焦劳。"面对一个烂摊子,"夙夜焦劳"并没有收到什么效果。崇祯十六年十二月二十三日,李自成向黄河以东各地发布一道檄文,用明白无误的语气喊出:"嗟尔明朝,大数已尽。"形势的发展似乎证实了这一点,战略重镇太原、宁武、大同、宣府等地守军,竟然不堪一击,一触即溃。这是长期积累的弊政导致的总崩溃,就好比摧枯拉朽,秋风扫落叶一般。

崇祯十七年三月十二日,农民军逼近北京郊区。皇帝朱由检召集大臣询问对策,大家一筹莫展,说些无关痛痒的话,例如关闭城门、禁止出入之类。次日,他再次召开御前会议,大家一言不发,他气愤地大骂兵部尚书张缙彦,张缙彦索性掼纱帽,乞求罢官。这种精神状态,除了坐以待毙,还会有什么出路呢?

三月十七日,农民军东路进至高碑店,西路进至西直门外,开始炮轰城墙。李自成在彰义门外向城楼喊话,希望和平谈判。负责守城的襄城伯李国桢在城楼上大声回话:我到你的军营做人质,你派人和皇上当面讲。李自成回答:不用人质。当即派遣已经投降的太监杜勋向皇帝传话,具体内容是:割让西北地区,听任李自成建国称王;犒赏军队银子一百万两。朱由检征求内阁首辅魏藻德的意见,老奸巨猾的魏藻德害怕承担责任,一声不吭,一味鞠躬低头。无可奈何的朱由检只得命令杜勋向李自成传话:"朕计定,另有旨。"用一种居高临下的姿态,否定了和谈的可能性。

李自成得到杜勋的答复,下令全线攻城。守城太监曹化淳按照事先已经商定的"开门迎贼"的公约,首先打开彰义门,接着,德胜门、平则门也随之打开,北京外城不攻而下。守卫宣武门的太监王相尧，守卫正阳门的兵部尚书张缙彦，守卫齐化门的成国公朱纯臣等，也按照"开门迎贼"公约，打开城门投降。三月十八日夜里，农民军控制了整个内城，离开紫禁城只有一步之遥了。

朱由检确信内城已经陷落，返回乾清宫布置应急善后事宜，他要在自己殉国之前，命令家属先殉国；并且安排他的三个儿子——太子、定王、永王，化装潜逃。然后在司礼监太监王承恩陪同下，来到煤山（景山），在寿星亭附近一棵大树下，上吊自尽，王承恩随后也上吊殉葬。他们两个在黑暗阴冷的夜空中，形影相吊，告别"皇祖爷"一手打下的天下——大明王朝，时间是：崇祯十七年三月十八日后半夜，也就是十九日黎明前的子时。

根据发现遗体的太监描述，野史中留下了朱由检殉国的大致情况。文秉《烈皇小识》写道：二十二日在后苑山亭中看到先帝遗体，与王承恩面对面自缢。先帝用头发覆盖面孔，身穿蓝袍。白夹衣、白绸裤，一只脚鞋袜脱落，另一只脚穿着绫袜和红色复底鞋。袖子上写着一行字："因失江山，无面目见祖宗于天上，不敢终于正寝。"

三月十九日黎明，马匹喧嘶，人声鼎沸，李自成的农民军大队人马进入北京。中午时分，头戴毡笠、身穿缥衣、骑在乌驳马上的李自成，在一百多名骑兵护卫下，进入德胜门，由太监曹化淳引导下，从西安门进入大内。这是改朝换代的一瞬间，意味着明朝的灭亡，紫禁城已由"大明"易主为"大顺"。

康熙年间的文人张岱（号陶庵）的《石匮书后集》，对崇祯皇帝的评价颇有独到之处。他说：自古以来亡国之君形形色色,有的以酒而亡,有的以色而亡,有的以暴虐而亡,有的以奢侈而亡,有的以穷兵黩武而亡。崇祯并非如此,他"焦心求治,旰食宵衣,恭俭辛勤,万几无旷,即古今之中兴令主,无以过之"。当然这位陶庵先生对"先帝"也不是一味推崇,指出了他的两大失误:一是把"内帑"——宫廷内部的财政积蓄看作命根子,不肯轻易动用,以解燃眉之急。结果,九边军队多年欠饷,饥寒交迫,怎么指望他们来保家卫国?二是"焦于求治,刻于理财,渴于用人,骤于行法"。结果,十七年来三翻四覆,朝令夕改,一言以蔽之,叫做"枉却此十七年之励精"!

"冲冠一怒为红颜"?

明清鼎革之际,复社诗人吴伟业(梅村)写了一首《圆圆曲》,透过一介武夫吴三桂与绝代佳人陈圆圆的姻缘,寄托亡国的哀思:

> 鼎湖当日弃人间,破敌收京下玉关。
> 恸哭六军俱缟素,冲冠一怒为红颜。
> 红颜流落非吾恋,逆贼天亡自荒宴。
> 电扫黄巾定黑山,哭罢君亲再相见。

诗中的名句"冲冠一怒为红颜",传诵一时,用它来解释吴三桂投降清朝的动因,似是而非。

姑苏名妓陈圆圆,天生丽质,才华横溢,闻名遐迩。田贵妃的父亲(即朱由检的岳丈)田弘遇花重金买来,带回北京。田弘遇为了结交吴三桂,撮合吴、陈的姻缘。新婚不久,朝廷催促吴三桂赶快出关。吴三桂本想携带陈圆圆同行,父亲吴襄劝他把圆圆留在京城。

崇祯十七年三月上旬,吴三桂接到皇帝圣旨,命他放弃宁远,率领兵马保卫北京。三月二十日抵达丰润,得知京城已经陷落,便退回山海关。

李自成进入紫禁城后,询问太监:后宫佳丽为何没有一个国色天香?太监回答:先帝忧心国事,拒绝声色,因此后宫没有佳丽。只有一个绝代佳人陈圆圆,田弘遇送给皇帝遭到谢绝,后来送给了吴将军,将军出关,圆圆留在府内,与吴襄住在一起。李自成考虑到吴三桂的关宁劲旅很难对付,就把她暂时关押起来;同时派遣降将唐通带了犒赏银子四万两,以及吴襄的家书,前往三海关招降吴三桂。

这封家书,其实是牛金星(李自成的谋士)起草,由吴襄抄写的,通篇说理多于抒情。大意是:明朝大势已去,天命难违,父亲也危在旦夕,识时务者可以随机应变了。如果及早投降,不但能够得到嘉奖,而且可以成全孝子名声。唐通到了吴三桂军营,交了家书,游说道:新主(李自成)对老总兵(吴襄)十分礼遇,希望将军共图大业。

吴三桂信以为真,随即带兵入关,行至沙河驿,他派往京城的密探前来报告,李自成在京城对达官贵人"拷掠追赃",惨不忍睹,吴襄也未能幸免。不久,密探又来报告:吴襄已被拘押,陈圆圆已被抓走。吴三桂怒不可遏，拔出宝剑，大喝一声："逆贼如此无礼！我吴三桂堂堂丈夫，岂肯降此狗子，受万世唾骂，忠孝不能两全！"立即指挥军队退回山海关。

这就是"冲冠一怒为红颜"的由来。吴三桂的"冲冠一怒"并不仅仅为了一个红颜知己，更着眼于"报君父之仇"这样的纲常伦理。这种根深蒂固的忠孝观念，在他给父亲的回信中流露得淋漓尽致。他说：父亲一向忠义，大势已去，应当义无反顾地为国殉难；儿子则缟素号哭，发兵复仇，岂不是忠孝两全！为什么你要隐忍偷生？父亲既不能做忠臣，儿子怎么能够做孝子呢？他写道："儿与父诀，请自今日。父不早图，贼虽置父鼎俎之旁，以诱三桂，不顾也。"

吴三桂"报君父之仇"的第一个举动，就是回师山海关，一举全歼唐通的八千兵马，以及后援白广恩。为此他发布"讨贼檄文"，亮出的头衔是先帝册封的"钦差镇守辽东等处地方团练总兵平西伯"，声明他"兴兵剿贼"的目的是收复北京，安定社稷，打出复辟明朝的旗号："请观今日之域中，仍是朱家之天下。"这种政治态度，绝不是"冲冠一怒为红颜"的儿女情长可以涵盖的。

吴三桂深知，光靠他的关宁劲旅，无法和李自成几十万大军抗衡，决定"借夷破贼"，向清朝的摄政王多尔衮"泣血求助"。早先投降清朝的舅舅祖大寿、顶头上司洪承畴从中斡旋，终于一拍即合。

李自成见招降不成，四月九日亲自带兵征讨吴三桂，并且把明朝的太子和他的两个弟弟作为人质，随军出征。四月二十一日在山海关开战，吴三桂佯装失利。次日，李自成遭到清朝骑兵从左右两路突然袭击，全线崩溃，向永平撤退。吴三桂紧追不舍，提出交出太子作为停战条件，李自成无奈地把太子送到吴三桂军营。

吴三桂得到太子后，向北京进逼，一路上发布文告，号召北京臣民为先帝服丧，准备迎接太子即位。李自成率领败军回到北京后，接受牛金星等人的"劝进"，四月二十九日在武英殿称帝；次日，开始从北京撤退。

当吴三桂正准备进入北京奉太子即位时，多尔衮命令他绕过北京，向西追击李自成，不许他拥戴太子进京。显然，多尔衮帮助吴三桂击败李自成，目的是顺利进入山海关，进入北京，实现改朝换代，而不是恢复明朝。

吴三桂在这几十天里的言行，后来受到无穷的非议，原因是众所周知的。人们应该追问一句：当时的人们也是非议的吗？答案是否定的，南明小朝廷和遗老遗少对他赞扬备至。

五月十五日在南京匆忙建立的南明小朝廷，对吴三桂"借夷破贼"大为赞赏，发布诏书，封他为蓟国公，赏赐银子五万两，大米十万担；并且派出兵部侍郎左懋第为首的代表团，带去感谢清朝的礼品，前往北京与清朝谈判。南明方面写信给吴三桂，希望他能够从中斡旋。甚至连史可法这样具有民族气节的高官，也持有相同的观点。清朝的摄政王多尔衮对于南明小朝廷的建立非常不满，写信给在扬州的督师大学士史可法，要求南明臣服于清朝。史可法在给多尔衮的回信中，免不了要为南明辩护一番，接着就对清朝表示感谢：我大将吴三桂向贵国借兵，赶走李自成，贵国又为我先皇帝后发丧，扫清宫阙，安抚黎民。这些举措震动历史,光耀现代,所有大明臣子无不感恩戴德,长跪地下,向北顶礼膜拜。他希望多尔衮继续抱着同仇敌忾的精神,与南明联手,"共枭逆贼之头,以泄敷天之忿"。

这当然是南明小朝廷一厢情愿的幻想,不过由此一端可以看出,在南明和遗老遗少心目中的吴三桂形象,与以后历史学家的评论,是大相径庭的。

改朝换代与士大夫气节

短短四十几天,紫禁城两度易手,先是由"大明"易主为"大顺",接着是由"大顺"易主为"大清"。改朝换代的压力,犹如雷霆万钧,明朝官僚集团迅速分化瓦解。

李自成进入北京后,一部分崇尚士大夫气节的人,选择了杀身成仁的归宿。

大学士范景文眼看大势已去,感叹自己身为臣子不能为天子出力,深感愧疚,从此绝食。十九日京城沦陷,传闻皇上驾崩,叹息道:只有一死,报答陛下。随即在妻子灵堂前自缢,被家人救下后,赋诗明志:"谁言信国非男子,延息移时何所为?"纵身跳入古井中。他是内阁大学士中唯一为国殉难者。

户部尚书倪元璐在京城沦陷后,向北跪拜皇宫,为自己身为大臣不能报国而自责;又向南跪拜,辞别住在南方的母亲,换上便服,在案头题字:"南都尚可为,吾死分也。"(南京大有可为,死是我的本分。)然后对家人说:必须等到大行皇帝殡殓,

十五、明清鼎革之际的国家与社会

才可以给我收尸。随即在厅前自缢。仆人想上前解救,老管家哭着劝阻:主翁再三嘱咐,不要阻拦他殉难。他的儿子遵照父亲遗愿,直到先帝殡殓后,才给父亲合棺下葬。李自成的部下得知这一情况,表彰为"忠义之门"、"真忠臣"。

都察院左都御史李邦华,十八日率领御史上城巡逻,遭到太监阻挡,归途遇见同僚吴麟征,握手挥泪,互相鼓励,誓死国难。次日获悉"国难",抱头痛哭,拿了印信、官服,前往吉安会馆,祭拜文天祥,题写绝命诗:"人生自古谁无死,留取丹心照汗青。今日骑箕天上去,儿孙百代仰芳名。"随即自缢而死。

像他们那样殉难的还有兵部侍郎王家彦、刑部侍郎孟兆祥、都察院左副都御史施邦曜、大理寺卿凌义渠、太常寺卿吴麟征等。值得注意的是,清朝的顺治皇帝对于为明朝殉难的大臣予以高度评价,要求政府部门为范景文、倪元璐、李邦华、王家彦、施邦曜、凌义渠、吴麟征等二十人建造祠堂,给予祭祀。

与此形成对照的是另一些高官的见风使舵。

内阁大学士魏藻德、陈演等领袖人物,在李自成入主紫禁城的第二天,就前往拜谒,表示改换门庭之意。李自成训斥魏藻德:你受皇帝重用,应当为社稷而死,为何偷生?魏藻德连忙叩头说:如果陛下赦免,一定赤胆忠心相报。对于这些朝秦暮楚的人,李自成不屑一顾,命令士兵囚禁起来。其他降官一千二百多人,身穿青衣,头戴小帽,前往会极门集合,等待录用。李自成对处理此事的牛金星说:官员们在城破之日能够为国殉难,才是忠臣,怕死偷生者都是不忠不孝之人,留他干吗?

前任都察院左都御史刘宗周在家乡绍兴获悉京师沦陷,徒步前往杭州,要求浙江巡抚为已故先帝发丧,并且发表声讨李自成的檄文。不久,福王在南京监国,建立弘光小朝廷,给刘宗周恢复原官,他表示:大仇未报,不敢受职。一年后,清军南下,南京弘光政权崩溃,杭州潞王投降。正在吃饭的刘宗周推案痛哭,从此移居郊外绝食。朋友相劝,他沉痛地说:北都之变,可以死可以不死,因为自己罢官在野,寄希望于南明中兴。南都之变,主上(福王)自弃其社稷,当时可以死可以不死,因为还希望后继有人。现在浙江投降了,老臣不死,还等什么呢?死意已决,乘船至西洋港,跳入水中,被人救起。心灰意冷的刘宗周,绝食二十三日而死。

罢官在家的黄道周,被唐王政权任命为大学士,临危受命,他主动请缨,前往江西招募抗清义旅,在婺源遭遇清军,战败被俘。清军把他押解到南京,路过东华门,他坐地不起,淡然地说:此地离高皇帝陵寝最近,就死在这里吧。监刑官把他就地处死。

晚明四公子之一的方以智,在南明桂王政权官至礼部侍郎、东阁大学士,因病辞归,在回乡途中被清军俘获,清军大帅试图招降,让他在左面的官服和右面的利刃之间选择升官还是死亡。方以智毫不犹豫地选择了右面的利刃——死亡。这一举动使得清军大帅顿生礼敬之意,释放了他。方以智随后出家为僧,更名宏智,字无可,别号药地。

改朝换代之际,士大夫表现出忠臣不事二主的操守,形式有所不同,旨归却是一致的。他们都在以自己的生命,践履儒家伦理最为珍视的气节,宁为玉碎,不为瓦全,因而被后世视为楷模,甚至连清朝皇帝都慷慨地给予表彰,确实值得三思。

十六、从康熙到雍正

政策的转换:由制裁到笼络

清军席卷江南,遭到具有民族气节的志士仁人的抵抗,吴江的吴易、吴兆奎,苏州的陆世钥,嘉定的侯峒曾、黄淳耀,松江的沈犹龙,昆山的王永祚,宜兴的卢象观,常熟的严拭,嘉兴的钱栴、钱棅,虽然人少力弱,持续时间很短,却产生了很大的政治影响。

抗清运动失败以后,一些激进分子秘密策划,图谋复辟明朝。顺治四年(1647年)的吴胜兆反正事件就是一例。清朝当局极为震惊,乘机把陈子龙、夏完淳为代表的持不合作态度的知名人士,一网打尽。但是江南士绅中的不合作倾向依然存在。就连钱谦益、吴伟业为代表的一派,被迫出来做官,也郁郁不得志,牢骚满腹。

清朝当局势必要在江南采取大动作,实施制裁政策,"奏销案"是一个突破口。

顺治十五年(1658年),朝廷抓住江南拖欠钱粮(赋税)的积弊大做文章,明确宣布:乡绅、进士、举人、生员及衙役,如果拖欠钱粮,按照数量的多少,分别治罪。在苏州、松江、常州、镇江四府及江宁府溧阳县,查处拖欠钱粮者一万三千多人,革去功名或官职,还要施加刑罚,一时间"鞭扑纷纷,衣冠扫地"。被牵连这一案件的,大多是吹毛求疵,借题发挥。例如昆山人叶方蔼,顺治十六年进士一甲第三名,俗称"探花",他家拖欠钱粮银子一厘,约合制钱一文,被革去功名,民间哀叹"探花不值一文钱"。又如太仓人吴伟业,顺治十年被迫赴京,出任国子监祭酒,始终悔恨失节,借口"丁忧"辞官归乡,以微不足道的钱粮拖欠,被纳入"奏销案",革去官职。对于吴伟业而言,如释重负。孟森评论道:"梅村终身以再出为恨,实出至诚,当其就征之日,即有吊侯朝宗诗:'死生总负侯嬴诺,欲滴椒浆泪满尊。'朝宗于前数年,即以梅村名重,勖以韬晦。至是卒为门户计,不免一行。因奏销案而落职,实在是求之不得。"

奏销案造成了江南"庠序一空"的局面,能够继续保持进士、举人、贡监、生员头衔的人,寥若晨星。显然,当局并非着眼于区区的欠税,而是以政权的威慑力量,迫使江南乡绅士子就范。

与奏销案相伴而来的科场案,目的也在于此。科场舞弊是科举考试中司空见惯的现象,历来习以为常。清朝当局大兴问罪之师,不过是以此为把柄,打击江南士子以及他们所依托的

十六、从康熙到雍正

家族与社会网络。

明清两代,每隔三年在省城举行一次"举人"的选拔考试,叫做乡试。由于传统的关系,南京的江南乡试与北京的顺天乡试往往成为全国士子荟萃之地,在科举考试中的地位远远凌驾于一般省城之上。科场案的打击重点就是江南乡试与顺天乡试。江南乡试的应考者无疑是江南士子,顺天乡试的应考者大多是旅居京城一带的江南籍子弟,因而科场案的矛头所向,主要是针对江南人士的。

顺治十四年的丁酉乡试案,处分之严酷令人不寒而栗。顺天乡试的主考官李振邺等,录取举人田耜等,都被处死。江南乡试舞弊的处分有过之而无不及,两名主考官斩首,十八名副考官全部处以绞刑,他们的家产充公,妻子籍没为奴。参与舞弊的考生,锒铛入狱,发配充军。桐城方拱乾、方孝标父子,以及他们的兄弟、妻子,受科场案牵连,全部发配东北边境的宁古塔,被视为科举史上骇人听闻的咄咄怪事。处分之不近人情,孟森认为"可与靖难之役后的瓜蔓抄相比拟"。

杜登春《社事始末》回忆这一案件的后果时说,江浙文人一向兴旺的社团活动,从此萧肃,几乎停息。一年之间,人们忙于为囚车送行李,为躲藏者送衣食,没有消停的日子。

随着形势的变化,矛盾渐趋缓和。康熙三年(1664年)正式下令豁免顺治元年至十五年的拖欠钱粮,使"奏销"问题无形之中趋于淡化,对江南士大夫在政治上笼络,成为朝廷首选的国策。体现这一政策的典型事例,就是康熙时期昆山徐家一门三及第,为江南士子津津乐道。徐元文是顺治十六年的状

1. 康熙朝服像
2. 雍正朝服像
3. 吴伟业像
3. 王士祯像

元,康熙九年(1670年)担任皇帝的经筵讲官,官至户部尚书;徐乾学是康熙九年的探花,官至刑部尚书;徐秉义是康熙十二年的探花。王士禛《池北偶谈》说:"同胞三及第,前明三百年所未有也。"受到朝廷重视的江南士子还有叶方蔼、张廷书等人,康熙十七年的博学鸿词科与十八年的明史馆,都是他们促成的。顾炎武的学生潘耒、晚明四公子之一陈定生之子陈维崧,以及尤侗、朱彝尊等通过博学鸿词科而进入官场;黄宗羲之子黄百家、学生万斯同等进入明史馆,奉命为前朝修史。原先消极对抗的因素无形之中趋于消解,清廷与江南文人学士的关系日益融洽。

康熙的武功与文治

清圣祖玄烨是有清一代最值得赞誉的贤明君主,武功与文治都无与伦比。武功方面,有四件大事值得注意。

一是统一台湾。

顺治三年,郑成功因阻止父亲郑芝龙降清无效,起兵抗清。顺治十八年,他派儿子郑经留守厦门,自己率领军队前往台湾,经过激战,迫使荷兰总督投降。郑成功收复台湾后,设置承天府,下辖天兴、万年两县,组织政府,招徕移民,收容抗清人士。他死后,儿子郑经继续抗清。

为了对付郑氏集团,清朝当局下令"迁界"、"禁海",形成东南沿海漫长的无人地带。此后又派遣靖南王耿继茂、总督李率泰前往台湾招降。郑经提出的条件十分苛刻,诸如要拥有像琉球、朝鲜那样相对独立的地位,清朝不派军队登陆,不剃发,不易衣冠等。双方无法达成协议。康熙十三年,三藩之乱爆发,响应吴三桂叛乱的耿精忠割据福建,向郑经求援,答应以漳州、泉州两府为酬。兵败后,郑经退守台湾。康熙二十年,郑经死,郑氏集团内讧。清朝当局抓住时机,出征台湾。康熙二十二年,郑经次子投降。清朝统一台湾后,在那里设立台湾府,下辖台湾、凤山、诸罗三县,配备总兵一员、水师副将一员、陆师参将二员。

二是签订《尼布楚条约》。

康熙二十四年、二十五年,清朝军队与俄罗斯入侵者在雅克萨激战,迫使俄国同意谈判。皇帝指示首席谈判代表索额图:尼布楚、雅克萨、黑龙江上下,皆我所属之地,不可少弃于俄罗斯;与之划定疆界,准其通使贸易;否则,尔等即还,不便更与彼议和。

中俄双方在尼布楚河与黑龙江汇合处的尼布楚城谈判。康熙二十八年七月二十四日(1689年9月7日),双方签订《尼布楚条约》,确定中俄东段边界:西南沿额尔古纳河、石勒喀河、格尔必齐河为界,北面以外兴安岭为界,东面乌第河以南、外兴安岭以北为待议地区。中方在边界线上刻石立碑,每年五六月由齐齐哈尔、墨尔根、瑷珲派出边防军,分三路前往边界巡查。清朝的瑷珲将军、宁古塔将军负责管辖黑龙江两岸的广大地区。

三是平定准噶尔。

清初漠南蒙古、漠北喀尔喀蒙古相继归顺清朝。漠西厄鲁特蒙古分布于阿尔泰山以西、天山以北,直至巴尔喀什湖东岸。清初,准噶尔部统一其他各部,又越过天山,统一了回部。准噶尔汗噶尔丹控制了天山南北之后,又用战争手段占领漠北喀尔喀蒙古,继而进兵漠南蒙古,兵锋抵达乌兰布通(赤峰附近)。

清朝密切关注这一动向,为了维护国家的统一,皇帝亲自率军出征,取得乌兰布通战役、昭莫多战役的大胜。走投无路的噶尔丹在清军围困下,于康熙三十六年三月服毒自杀。噶尔丹死后,他的侄子策妄阿拉布坦继任准噶尔汗,继续与清朝对抗。

四是加强西藏治理。

康熙五十六年,准噶尔汗策妄阿拉布坦派军队入侵西藏,藏王拉藏汗向清廷告急。康熙五十九年,清军把准噶尔部队赶出西藏,皇帝敕封达赖七世,并护送入藏,任命康济鼐为藏王,共同治理西藏。

康熙的文治比武功更为引人注目。

在他的倡导下,编成了收字四万九千多的《康熙字典》,一百八十卷的《大清会典》,一百零六卷(拾遗一百零六卷)的《佩文韵府》,九百卷的《全唐诗》等鸿篇巨制,并且企划了一万卷的《古今图书集成》。康熙第五次南巡时,交代曹寅(曹雪芹的祖父)编纂《全唐诗》。曹寅是满人,在汉人文学圈内崭露头角,而且先后担任江宁织造和两淮巡盐御史,有足够的学识与财力完成这一文化工程。他在不到两年时间里,编成了收罗二千二百多诗人、四万八千九百多首诗作、篇幅达九百卷的《全唐诗》,为康熙的文治增添了浓墨重彩的一笔。

清朝文化的核心部分,是以经学为中心的学术。这一时期

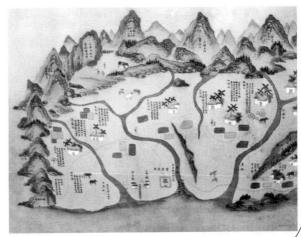

1. 《康熙字典》书影（康熙五十五年武英殿刻本）
2. 南怀仁奉命为清廷铸造的武成永固大将军炮
3. 南怀仁像
4. 康熙台湾舆图（摹本局部，清康熙四十三年，即1704年绘制，现藏于台湾博物馆）

经学发展到一个新阶段,超过了两汉的经学(即所谓汉学),以程朱理学为主的宋学成为主流,与皇帝的提倡有很大的关系。孟森说,"圣祖尊宋学","欲集宋学之大成"。江南名士徐乾学收集宋朝经学著作,编成《通志堂经解》,就是集宋学大成的尝试。康熙一朝,宋学名臣辈出,诸如陆陇其、汤斌、张伯行、于成龙、陈鹏年、赵申乔,学养与政绩都颇可观。

康熙以充满自信的心态,接纳耶稣会士和他们带来的西学。他重用耶稣会士南怀仁负责天文历法工作,在南怀仁的影响下,梅文鼎撰写了《历算全书》。在新旧历法的争论中,康熙为了判明其中的是非,破天荒地向耶稣会士学习西洋科学。中国皇帝如此身体力行地向西方学习,誉为空前绝后,毫不为过。明白了这一点,就不会对康熙任用传教士绘制中国地图——实测的《皇舆全览图》,感到意外了。也不会对康熙委任传教士徐日升、张诚参与《尼布楚条约》的谈判,感到意外了。康熙还大力支持西医传入中国,促成了西学东渐的重心由天文历算转向医学,出现了西医进入中国的高潮。

康熙皇帝在位六十一年,奠定了清朝的盛世,无怪乎有的历史学家把他与俄罗斯的彼得大帝相比拟。

雍正的建树

清世宗胤禛在位执政仅十三年,与其父清圣祖玄烨在位六十一年、其子清高宗弘历在位六十年相比,为时短暂,政绩却颇为耀眼。严禁朋党,整顿吏治,重视用人,强调务实,在十三年中多所建树。他以"为政之道在于务实,不尚虚名"相标榜,致力于制度建设,其中,摊丁入地、开豁贱籍、改土归流最为引人注目。

先看摊丁入地。

清初的赋役制度沿袭前朝的一条鞭法,征收地银、丁银两项;丁银的一部分是按人丁摊派,弊端不少。顺治以来一些地方广泛采用"丁从地起"的方法,即把人丁的负担转移到田地上,也就是后来所谓"摊丁入地"。雍正元年(1723年),直隶巡抚李维钧提出"摊丁入地"的具体方案,把丁银平均摊派到地银之内,地银一两,摊入丁银二钱七厘。此后各省陆续开展"摊丁入地"的改革,从雍正二年到七年,各省大体完成,山西、台湾、贵州迟至乾隆年间才完成"摊丁入地"。

"摊丁入地"又叫做"地丁合一"或"地丁并征",是一条鞭法的进一步发展。具体做法因地而异,较普遍的做法是把丁银平均摊入地银中征收,另一些地方把丁银按田地面积平均摊派。总的方针不变,田地多的农家分摊到的丁银相对多一些,田地少的农家分摊到的丁银相对就少一些,无地农家则可以不再有丁银负担,使得赋役征收合理化。毫无疑问,这是一种进步。

再看开豁贱籍。

把人区分为等级的观念与制度,以往一直存在,既有贵族与庶民之分,也有良民与贱民之分。人的良贱之分,似乎是一个底线,难以突破。这种情况在雍正时期发生了变化。

雍正五年,皇帝给内阁发去一道圣旨,大意是:朕常常考虑移风易俗,凡是过去因为风俗习惯相沿,不能振拔的人群,都要给他们自新之路,譬如山西的乐户、浙江的惰民,都应该免除他们的贱民户籍,使他们成为良民,可以起到激励廉耻、倡导风化的作用。近来听说,江南徽州府有"伴当",宁国府有"世仆",本地叫做细民,他们的身份几乎与乐户、惰民相同。各地如果有这样的贱民,应该免除他们的贱籍,成为良民,使他们得以奋发向上,免得污贱终身,累及子孙后代。

这里所谓贱民,是特种人身隶属关系的产物,没有完全的人身自由,在法律地位上低于良民一等。"伴当"、"世仆"是一种奴仆化佃农,与主人有着明显的"主仆名分",而且世代相承,也就是说,是世袭的贱民。所谓"乐户",是编入乐籍的贱民,身份类似倡优,世代从事歌舞吹打职业,不得穿着良民服饰。所谓"惰民",又称"堕民",指浙江绍兴府各县分散居住的一种贱民,男的充当婚丧礼仪中的帮手、牙侩,女的充当发结、喜婆、送娘子,禁止读书、缠足,不许同良民通婚。类似的贱民还有苏州府常熟、昭文两县的丐户,浙江钱塘江上的九姓渔户,广东的蛋户等。

从雍正五年开始,这些贱民陆续开豁为良,在法律上具有与良民同等的地位,他们三代以后的子孙,可以和良民一样参加科举考试。这场破除旧传统的社会变革,进行得颇为艰巨,一直延续到清末。正因如此,雍正时期作为解放贱民的开端,其意义更加不容低估。

再看改土归流。

元明以来,西南边疆地区实行土司制度,朝廷授予当地民族首领爵禄名号，加封为世袭官员。土司制度的存在，使得这些地区成为土司横行不法的独立王国，中央政府的号令无法通行。雍正四年，皇帝任命鄂尔泰为云南贵州广西三省总督，推行"改土归流"的改革。它的宗旨是雍正五年的一道圣旨：向来云南、贵州、四川、广西、湖广各省，各有土司僻处边隅，肆意不法，扰害地方，剽掠行旅，而且彼此互相仇杀，争夺不休，对境内人民任意残害，草菅人命，罪恶多端。因此，朕命令各省总督巡抚悉心筹划，可否令其改土归流，各遵王化。

到雍正九年，改土归流大体告一段落，在那些地区设置了与中原地区同样的府州县，由中央政府委派的流官取代世袭的土司，革除许多陋规恶习，改善交通，加强与内地的经济文化交流。改土归流的结果，加强了中央集权，巩固了西南边疆。

雍正皇帝是一个有争议的人物，焦点就是所谓"矫诏篡立"。有人以为可信，有人以为不可信，众说纷纭，莫衷一是。其实，所谓篡立之说是诸皇子夺嫡争储斗争的产物。退一步论，在诸皇子争夺皇位的斗争中，皇四子胤禛捷足先登，是否算作篡立，也是一个问题。历史学家没有必要过分纠缠于此。评价一个皇帝，还是要看他上台以后的政绩如何。

十七、盛世的面面观

鼎盛时期的经济

康熙、雍正、乾隆时代,国力鼎盛,经济发展到了一个新的高度。正如学者全汉昇所说:"在近代西方工业化成功以前,中国工业的发展,就其使中国产品在国际市场上具有强大竞争力来说,显然曾经有过一页光荣的历史。中国蚕丝生产普遍于各地,而以江苏和浙江之间的太湖流域最重要……海外市场对中国丝与丝绸需求非常大,因而刺激这个地区蚕丝生产事业的发展,使人民就业机会和货币所得大量增加,当然是一个重要因素。"

乾隆二十四年(1759年),两广总督李侍尧向皇帝报告广州的外贸状况:外洋各国商船来到广州,贩运出口货物,都以丝货(生丝与丝绸)为重点,每年贩运湖丝和绸缎等货物,大约在二十万斤至三十三万斤之间,统计一年之中所买丝货的价值,相当于银子七八十万两,或一百多万两。这些货物都由江浙等省商人贩运来广州,转售给外商,载运回国。

这样的外贸形势刺激了太湖流域蚕桑丝织业的蓬勃发展,进入了外向型经济的轨道,丝货经由商人之手源源不断外销,致使国内市场丝货价格日趋昂贵。当时的一名官员说:近年来,南北丝货价格上涨,比往年增加几倍之多。民间商贩为了获取重利,都卖给洋商,外洋商船转运出口,多至成千上万,以致丝价日趋高昂。

从1679年到1833年的155年中,每年的出口量,从8担上升到9 920担,价格也随着出口量的增加而上升。根据英国东印度公司的记录,可以看到出口丝货价格上涨的趋势:每担丝货的价格,1699年是137两银子,1720年涨至150两银子,1750年涨至175两银子,1755年涨至190两银子,1759年涨至198两银子,1763年涨至250两银子,1768年涨至294两银子,1784年涨至310两银子。

以松江苏州为中心的长江三角洲生产的棉纺织业,进入清代以后,有进一步的发展。松江人钦氏在《松问》中说:松江棉布每天的销售量大约是15万匹,销售旺季是秋季,三个月的销售量估计可达1 350万匹。据吴承明的估计,鸦片战争前国内棉布的商品量是31 517.7万匹,价值9 455.3万两银子。这种农村家庭手工生产的棉布也是外贸的重要商品。

当时外商把松江一带生产的棉布,都叫做"南京棉布"。1786—1833年的48年中,英国、法国、荷兰、瑞典、丹麦、西班牙、意大利等国的商船,从广州购买的"南京棉布"共计4 400万匹。各国商船从广州购买"南京棉布"最多的一年是1819年,达330万匹,价值170万银元。1804—1829年的26年中,美国商船从广州购买的"南京棉布"达3 300万匹。

中国棉布之所以畅销海外,原因就是价廉物美。18世纪中叶,英国东印度公司收购中国棉布,每匹不过0.34两银子,价格低廉,在当时国际市场无出其右,但是质量却极为上乘。1830年代,西方商人谈起"南京棉布"时说:"色泽和质地仍然优于英国制品。"

从总体上看,明代中叶出现的"湖广熟,天下足"的格局,在清代仍在延续,于是湖南的湘潭、湖北的汉口,形成了兴旺的米市,成为商品粮的集散中心。长江中上游的商品粮,沿江东下,折入运河南下,在长江三角洲最理想的集散地当然是全国首屈一指的经济中心苏州,由此再向江浙等地转运。全汉昇说,雍正十二年(1734年)一年中,由湖广运往江浙的米粮,大约1 000万石左右。据经济史专家吴承明估计,鸦片战争前,全国的商品粮达245亿斤,按每石150斤计,合16 333.3石,价值16 333.3万两银子。这种粮食商品化程度,是历史上前所未见的。

盛世中的衰败迹象

"夕阳无限好,只是近黄昏。"乾隆时期登上了顶峰,也是由盛转衰的转折点,由此开始走上了下坡路,自恃国富,铺张浪费,不知节制,逐渐把国库掏空。好大喜功的清高宗弘历,仿效他的祖父六次南巡,劳民伤财,每处接待供奉所耗费的银子,动辄几十万两,比祖父多二三十倍。例如扬州盐商为了接待皇帝南巡,建筑园林馆所,栽种珍稀树木花草,招来梨园戏班,以供皇帝一乐,花费钱财如同流水一般,简直难以估计。扬州盐商虽然富可敌国,也经不起如此一而再再而三的折腾。

弘历是出名的奢侈靡费狂。他大造宫殿园林,是整个清朝兴建园林最大最多的皇帝。圆明园始建于康熙晚年,雍正时建成二十八景,乾隆时扩建成四十景。承德避暑山庄始建于康熙时期,大部分工程完成于乾隆时期,有七十二所建筑,规模是圆明园的两倍,耗费民脂民膏不计其数,连他的亲信大臣也不无嘲讽地说:"皇帝之庄真避暑,百姓乃在热河口。"乾隆四十五年(1780年),他在避暑山庄庆祝七十岁寿辰,各地官员争相拍马奉承,进献礼品,以致古北口的道路为之堵塞。乾隆五十四年,他的公主出嫁,他赏赐的妆奁据说价值几百万两银子。

此公极其好大喜功,在位六十年,穷兵黩武,发动十次战争,还自鸣得意,吹嘘为"十全武功",自诩为"十全老人"。殊不知这是消耗财政的无底洞,单是大小金川两次战事,就耗费银子七千万两,"十全武功"的代价可以想见。

乾隆时期的吏治远远不如康熙、雍正时期,轰动全国的贪污案件层出不穷。例如,云贵总督恒文、云南巡抚郭一裕、山东巡抚国泰、浙江巡抚王亶望、江西巡抚郝硕、闽浙总督陈辉祖等,都是令人震惊的巨贪,连皇帝自己也哀叹不已:各省总督巡抚当中洁身自爱者,不过十分之二三,而死不改悔者不一而足。

他所宠信的大学士和珅担任军机大臣二十四年,擅权跋扈,卖官鬻爵,招权纳贿,上行下效,于是官场上下糜烂不堪。山东巡抚国泰贪污集团案,造成山东一省财政巨额亏空。甘肃侵粮冒赈案,牵连官员七十多人,其中贪污银子二万两以上被处死的就有二十二人。然而这些人与和珅相比不免小巫见大巫。和珅在苏州为自己建造陵墓,有享殿、隧道,可以和皇陵相媲美,号称"和陵"。嘉庆四年(1799年),已经当了四年"太上皇"的弘历驾崩,嘉庆皇帝颙琰以迅雷不及掩耳之势,剥夺和珅的官职,定二十四大罪,赐自尽;随即查抄和珅家产,共计109宗,包括赤金580万两,生沙金200万两,元宝银940万两,当铺75家,银号42家,古玩铺13家,田地8 000顷。据说和珅家产总计折合白银达2.3亿两,相当于国库几年的总收入,名副其实的富可敌国!

盛世必由富、强两方面构成,财富已经耗尽,强盛便成为无本之木、无源之水,皮之不存,毛将焉附?由盛转衰是必然的。嘉庆皇帝南巡,在杭州阅兵,士兵操练射箭,居然"箭箭虚发",操练骑术,居然"驰马人坠地"。这种并非偶然的不祥之兆,预示着衰世已经来临。

与此同时,人口的迅猛增长加大了国家和社会的压力。乾隆五十五年(1790年),全国人口突破三亿,这种压力愈来愈明显了。乾隆五十八年,弘历也感到了人口压力的沉重,他说:承平日久,人口愈来愈多,资源不再像以前那样充裕,生产得少,消耗得多,我很担忧。著名学者洪亮吉也在这一年提出他的"人口论":耕地增长跟不上人口增长的速度,必须采取措施解

1. 《乾隆南巡图卷》所描绘的清代北京前门大街的店铺
2. 《四库全书》书影

决过剩人口,听任人口激增会引起社会动乱。

过了一个世纪,人口已经突破4亿大关。从17世纪中叶到19世纪中叶的200年中,人均耕地减少了一半,从人均6亩,降低到人均3亩。其直接后果,是导致粮食价格急剧上涨,如果以17世纪后半期粮价指数为100,那么,18世纪前半期为132.00,18世纪后半期为264.82,19世纪前半期为532.08。粮食价格上涨五倍多,一旦遭遇自然灾害,就出现大规模的饥荒和人口死亡,社会动乱不可避免。

色厉内荏的盛世

文网严密,文字狱接二连三,是清朝政治的一大特色,它是统治者对自己缺乏信心、色厉内荏的一种表现形式。康熙、雍正、乾隆一百多年中,文字狱从未间断,而且愈演愈烈,至乾隆盛世达到高潮。

康熙五十年的"南山集案",借口戴名世的《南山集》有"反清"思想,主犯戴名世被斩首,祖孙三代直系旁系亲属,年龄在十六岁以上的都被处死,受株连的有几百人。五十多年后,乾隆皇帝又因"南山集案"大兴冤狱,杀死七十一岁的举人蔡显,受到株连的二十四人。这就是著名的"闲闲录案"。

蔡显刻印自己的著作《闲闲录》,被人揭发,其中有"怨望谤讪"的文字。所谓"怨望谤讪"文字是什么呢?那是蔡显引用古人《咏紫牡丹》诗,其中有"夺朱非正色,异种尽称王"的句子,原意是说红牡丹是上品,紫牡丹称上品是夺了红牡丹的正色,是"异种称王"。衙门的刀笔吏竟然望文生义,指责蔡显用"夺朱"影射满人夺取朱明王朝天下,诽谤清朝是"异种称王"。蔡显有口难辩,只得被迫自首。两江总督高晋、江苏巡抚明德把此案上报皇帝,建议按照"大逆"罪凌迟处死。没有料到,一向附庸风雅的乾隆皇帝,对文字狱特别顶真,亲自审阅《闲闲录》,发现其中有这样的文字:"戴名世以南山集弃市",显然对"南山集案"发泄不满,比《咏紫牡丹》诗要严重多了,而高晋、明德以及他们的幕僚都没有看出来,显然是"有心隐曜其词,甘与恶逆之人为伍",对高晋、明德大加申斥,下旨把蔡显由凌迟改为斩首,把"从宽"的一部分罪责转嫁到有关官员身上。

乾隆四十二年的"字贯案"更为离奇荒唐。江西举人王锡侯编了一本字典——《字贯》,删改了钦定的《康熙字典》。结果,不但王锡侯遭到严惩,书版与书册销毁,而且牵连到江西巡抚海成、两江总督高晋等官僚,被以"失察"罪查办。原来皇帝接到江西巡抚海成报告,有人揭发王锡侯擅自删改《康熙字典》,另刻《字贯》,实在狂妄不法,建议革去举人功名。他亲自审阅奏折以及随奏折附上的《字贯》,大为愤慨。他在《字贯》序文后面的"凡例"中看到,把圣祖(玄烨)、世宗(胤禛)的"庙讳",以及自己的"御名"(弘历),都开列出来。他认为这是比删改《康熙字典》更为严重的罪行,"深堪发指","大逆不法",应该按照"大逆"罪惩处,但是海成仅仅建议割去举人功名,大错特错。他在给军机大臣的谕旨中狠狠训斥道:海成既然经办此案,竟然没有看过原书,草草凭借庸陋幕僚意见,就上报了。上述那些"大逆不法"的内容就在该书第十页,开卷就可以看见。海成难道双眼无珠茫然不见?还是见了不以为异,视为漠然?人臣尊君敬上之心在哪里?结果,海成被革职查办,送交刑部治罪。

由此人们看到了一向附庸风雅的乾隆皇帝的另一面:阴险、狠毒。他对文字挑剔之苛刻令人防不胜防,包括那些为文字狱奔走效劳的官僚。

乾隆时代由文字狱进而发展到全面禁书、焚书,开馆编纂《四库全书》的过程,就是一个禁书、焚书的过程。

四库全书馆在编书的同时,承担了皇帝交给的一项重要使命:禁书与焚书。那些官员的首要任务,是从各省呈献上来的书籍中,把有政治问题的"禁书"清查出来,送交军机处,再由翰林院审查,把违禁的所谓"悖谬"文字标出,用黄纸签贴在书眉上;如须销毁,应该把销毁原因写成摘要。这些书籍一并送到皇帝那里,由他裁定后,全部送到武英殿前面的字纸炉,付之一炬。

在编纂《四库全书》的过程中,禁毁的书籍达几千种,其中全毁2 453种,抽毁402种,销毁书版50种,销毁石刻24种。尤为可恶的是,即使不属于禁毁的书籍,印出来之前也被任意删改——官员们奉命删除书籍中所谓"悖谬"的文字。如今人们见到的《四库全书》中的一些古籍,已经面目全非。

所谓乾隆盛世,竟然如此色厉内荏,它的由盛转衰也就不足为奇了。

十八、封闭的天朝

海外贸易的由禁到放

清朝的海外贸易政策,大体经历三个阶段:海禁时期、多口通商时期、广州一口通商时期。

从顺治元年(1644年)到康熙二十二年(1683年),清朝实行严厉的海禁政策,一再发布禁令,禁止中国商人出海贸易,其目的是企图封锁东南沿海岛屿的反清势力。康熙二十二年,三藩之乱平定,台湾郑氏集团投降,先前面临的"反清复明"威胁已经烟消云散,取消海禁已成当务之急。浙江、福建、广东等沿海省份的官员,从繁荣经济、有利民生着眼,主张取消海禁政策,开放对外贸易。康熙皇帝不顾守旧派官员的反对,宣布从康熙二十三年开始,取消海禁,开放海外贸易,指定广州、漳州、宁波、南京设置海关,粤海关由内务府派任,闽海关由福州将军兼任,浙海关与江海关由该省巡抚兼任,允许外国商船前来这些港口贸易。这些港口沿线及邻近地区,也都对外开放,不仅吸引外商前来贸易,也刺激中国商船载货到国外进行贸易。大体上,江浙商船多往来于日本长崎与宁波、上海之间,闽粤商船多往来于南洋各地。

当然,这种开放是有限制的。一方面海关规章制度混乱,官吏贪污成风;另一方面对出海船只大小规格有严格规定,理由是防止"转资海盗",或"盗米出洋"。康熙五十五年,朝廷鉴于沿海人民不顾禁令移民南洋,大批船只出售给外洋各国,宣布:中国商船可以前往东洋贸易,不可前往南洋贸易。兵部制订的"禁止南洋原案"规定:凡客商船只,可以照旧在沿海五省及东洋贸易,南洋菲律宾等处,一概不许商船前去贸易。严令沿海一带水师各营,巡查缉拿,从重治罪。外国商船照旧准其前来贸易,不过要地方文武官员严加防范看守,不许生事。

雍正五年(1727年),闽浙总督向朝廷提出:为了广开谋生之路,请求取消南洋贸易的禁令;广东当局也提出"一体开洋"的请求。朝廷批准这些请求,重新开放南洋贸易。但是,朝廷对于前往南洋的商人和移民,采取不信任、不保护的态度,把他们看作"自弃王化",在国外受到迫害是咎由自取。

种种迹象表明,清朝最高当局,即使像康熙那样的开明君主,对当时的天下大势,对于发展外贸与正在崛起的西方国家展开商业竞争,也缺乏足够的认识,进取不足,保守有余,处处以防范为主,所谓"非我族类,其心必异",以天朝大国乃世界中心自居，视外国为蛮夷，居高临下地加以提防。这种提防是荒诞离奇的，比如严禁硝磺、火药、铁器外销，比如务必使得外商不能明了中国真相，为此规定：不准外商在广州"住冬"，不准外商购买中国书籍，不准外商学习中国语言文字等。乾隆以后愈演愈烈，逐渐收缩通商口岸，从江浙闽粤四省减少到粤省一处，从大小百来个口岸减少到广州一口，是有必然性的。

闭关——广州一口通商时期

乾隆二十二年（1757年），朝廷下令关闭江海关、浙海关、闽海关，规定外国商船只能在粤海关——广州一口通商，并且对丝绸、茶叶等传统商品的出口量严格限制；对中国商船的出洋贸易也规定了许多禁令。这就是人们通常所说的闭关政策。乾隆二十四年发生英商洪任辉（James Flint）要求自由通商的案件，引起清朝当局更加严厉的防范，即使在唯一开放的粤海关，也有种种防范措施。比如：洋船销货后，应该准时回国，禁止在广州住冬；外洋商船不许与汉奸私自贸易；洋商不许雇用内地仆役。又比如：内地行商不许借洋商资本，洋船停泊处必须有守备官员督率士兵弹压、稽查。

外国商船抵粤后，居住在指定的城外的商馆，必须通过称为十三行的公行进行交易。公行是洋行的共同中介机构，洋行和公行承销一切外国进口货物，并且负责代办外商所需中国出口货物。所谓十三行是一个俗称，实际并非十三家，而是官方特许经营外贸的商人的行会组织的统称。行商作为官府与外商的中介，负有照料和管束外商的责任。外商在黄埔上岸后，只能住在广州城外省河边的商馆，平时不得在商馆区以外地区走动，更不准进城。他们经商和生活所需的买办、通事、仆役，都必须由行商代为雇用。外商有事要向官府递交公文、交涉事务，官府有事要通告外商，都经过行商转达。贸易季节一过，行商有责任催促外商离境，或返回澳门居住，不得在广州过冬。这种做法固然有利于对外商的控制，把对外交往限制在最低限度，但是，显然与正在蓬勃发展的全球化贸易的大趋势格格不入。

外国商船来到广州的商船与日俱增，乾隆十五年至二十五年共计207艘，乾隆二十五年至三十五年共计220艘，乾隆五十二年一年间，来到广州的洋船竟达73艘，其中英国有62艘，以后大多年份在30~50艘之间。

直到乾隆晚期，中国在对外贸易中仍然一如既往地处于出超状态，大多数年份都有贸易顺差，许多外商都要以银元来支付贸易的逆差。来广州进行贸易的外商中，英国人占了一半以上。尽管经过产业革命，经济蒸蒸日上的英国在与中国贸易中，也长期处在逆差之中。乾隆四十六年至五十五年的十年间，中国出口英国的商品，仅茶叶一项，即达九千六百万银元，英国出口中国的商品（包括毛织品、棉布、棉纱、金属等），总共将近一千七百万银元。据不完全统计，18世纪整整一百年中，英国因购买中国商品而流入中国的银元达二亿多。

马嘎尔尼与阿美士德出使中国

英国政府为了改变这种状况,消除限制,缔结基于近代条约的国际关系,特派以马嘎尔尼伯爵(George Lord Macartney)为正使的使节团,于乾隆五十八年秋到达渤海湾的大沽口。英国的目的在于扩大通商与联络邦交,具体而言,有这样几点:第一,英国想在中国沿海获得类似澳门一样的基地;第二,如果中国不愿出租土地,就加开通商口岸,减少广州通商的限制;第三,英国派遣公使常驻北京,欢迎中国公使常驻伦敦。

对于这个使节团,清廷颇为重视,派官员专程迎接,优礼款待,希望把此次英使来访,按照外藩"朝聘"的礼仪来接待,搞成"外夷向化"的盛典。然而,双方一接触,就发生了"觐礼"纠纷——英使以何种礼仪觐见大清皇帝,双方有巨大的分歧。马嘎尔尼在进京途中,对于他的船上挂着"英吉利国贡使"的旗帜,佯装不知,似乎是默认"朝贡"使节的身份。但是,他抵达承德避暑山庄的离宫时,拒绝了清朝礼宾官员提出的向皇帝磕头跪拜的要求,希望按照英国臣民觐见君主的礼仪——单脚跪地亲吻君主之手。清朝官员只同意一半,即单脚跪地,不同意亲吻皇帝之手。

觐见仪式完毕以后,乾隆皇帝接过马嘎尔尼呈递的国书,随即把一柄玉如意交给马嘎尔尼,转赠英国国王。马嘎尔尼提出一系列要求:英国派员常驻北京照管商务,在北京建造商馆,贮货发卖；允许英商到宁波、舟山、天津等地贸易，割让舟山附近一个小岛供英商居住，在广州附近拨一处地方供英商居住；减免英商在广州、澳门的内河运输税，免除英国人居住税等。

清朝方面对马嘎尔尼一行给予热情的招待，却回避实质性交涉。乾隆皇帝以明白无误的语言拒绝了他的要求："天朝尺土俱归版籍，疆址森然，即岛屿沙洲亦必划界分疆，各有所属。"并且告诫英国商船，不得行驶浙江、天津等地上岸交易。他又以"上谕"形式给英王乔治三世写了回信，特别强调："咨尔国王远在重洋，倾心向化，特遣使恭赍……具见尔国王恭顺之诚，深为嘉许……天朝物产丰盈，无所不有，原不藉外夷货物以通有无。"这封信被译成英文，在报纸上公布，西方史家在书中引用，中国翻译家再把它转译成中文，便成了这个样子："我已经注意到你谦恭有礼的态度……我没有忘记你们岛国被茫茫大海与世隔离的孤独偏远之感……但我们天朝物产丰饶，应有尽有，我们不需要野蛮人的产品。"

马嘎尔尼没有达到预期目的，于次年三月从澳门踏上归途。美国学者何伟亚（James L.Hevia）的《怀柔远人：马戛尔尼使华的中英礼仪冲突》一书，以一种超脱客观的眼光阐释这一历史事件。他认为，这是两个扩张性帝国之间政治的而非文化的遭遇，英国方面也承认，马嘎尔尼关注的不止是磕头，他们使团的目的，是意识形态和经济利益兼而有之的。

嘉庆二十一年（1816年），英国再次派遣使节来中国，团长是阿美士德（William Pitt Lord Amherst）。鉴于上次马嘎尔尼在礼仪上占了便宜，清朝当局对英国人"桀骜不驯"留下了深

1. 马嘎尔尼使团画师所绘该使团拜见大清皇帝乾隆
2. 马嘎尔尼像
3. 马嘎尔尼所绘乾隆皇帝半身素描像

刻印象,阿美士德再度前来,当局就不再通融了。使节团一到大沽,清朝官员就同他谈判觐见皇帝的礼仪问题,各不相让,陷入僵局,使节团因此被堵在通州。嘉庆皇帝显然不耐烦了,下令召见英使。接待官员连夜把他们送到北京,抵达圆明园时,英使借口疲惫不堪要求改日觐见,不顾清方官员劝阻,拂袖而去。如此无礼举动激怒了皇帝,他下令驱逐英使,并且在给英国国王的"敕谕"里宣布:英国遣使前来,"礼义不能谙习,重劳唇舌,非所乐闻","嗣后毋庸遣使远来,徒劳跋涉"。阿美士德准备好的预案,诸如开放宁波、天津、舟山让英商贸易,在北京设立商馆等,因为礼仪争执不决,而根本无从谈起——谈判还未开始已告决裂。

阿美士德使团的成员、东印度公司大班斯当东(G.Stanton)在1816年的日记中,如此描述他亲眼目睹的中国:"到处显得平静安宁,我们看到的是满意的神情和幽默的兴致。人口如此庞大的国家,乞丐如此之少,真令人惊讶。对生活必需品的满意和享有,说明政府不可能是糟糕的。较低阶层的中国人看来比同一阶层的欧洲人都整洁……"

此后,清朝的对外贸易政策更加严厉。英国方面为了扭转贸易逆差,对中国进行鸦片走私贸易。据东印度公司报告,嘉庆二十五年向中国走私鸦片4 570箱,道光十年增加至19 956箱,以后又增加至30 202箱、40 200箱。中国与英国之间矛盾不断加剧,非法的鸦片走私成为矛盾的焦点。

西方已经进入资本主义时代,急于打开中国的大门,与封闭的天朝之间必然要发生激烈的冲突。

图书在版编目(CIP)数据

历史与文化/樊树志著.—上海：复旦大学出版社,2010.8(2017.6重印)
ISBN 978-7-309-06843-6

Ⅰ.历… Ⅱ.樊… Ⅲ.中国-古代史-通俗读物 Ⅳ.K220.9

中国版本图书馆 CIP 数据核字(2009)第 149513 号

历史与文化
樊树志 著
责任编辑/史立丽
复旦大学出版社有限公司出版发行
上海市国权路 579 号　邮编：200433
网址：fupnet@fudanpress.com　http://www.fudanpress.com
门市零售：86-21-65642857　团体订购：86-21-65118853
外埠邮购：86-21-65109143　出版部电话：86-21-65642845
浙江新华数码印务有限公司

开本 850×1168　1/32　印张 6.625　字数 126 千
2017 年 6 月第 1 版第 6 次印刷

ISBN 978-7-309-06843-6/K·259
定价：25.00 元

如有印装质量问题，请向复旦大学出版社有限公司出版部调换。
版权所有　　侵权必究